MITT 1967

MON GÉNÉRAL

SA FEMME

ET MOI,

MÉMOIRES DE CHARLES DE LUCIENNES,

PUBLIÉS

Par le Baron de LAMOTHE-LANGON.

Auteur du Château de St.-Félix, de Bonaparte et le Doge, de Monsieur et Madame, de la Cloche du Trépassé, de Reine et Soldat, de Roi et Grisette, de Mademoiselle de Rohan, de la Femme du Banquier, etc.

> « In youth all action and all life :
> « Burning for pleasure, not averse from strife ;
> « Woman, the field, the ocean, all that gave
> « Promise of gladness, peril of a grave
> « In turn he tried.... he ransack'd all here below,
> « And found his recompense in joy or woe. »
> (BYRON, LARA.)

II.

PARIS

CHARLES LACHAPELLE, ÉDITEUR,

RUE SAINT-JACQUES, 38.

—

1841.

Rabais Considérable

Romans à 5 fr. le Volume,

PUBLICATIONS NOUVELLES, format in-8.

Touchard - Lafosse.

LES RÉVERBÈRES, Chroniques de Nuit du vieux et du nouveau Paris, 6 v.	18 fr.
CHRONIQUES DES TUILLERIES ET DU LUXEMBOURG, physiologie des cours modernes, 6 vol.	18
Les tomes 5 et 6 se vendent séparément.	10
Ils contiennent les MÉMOIRES D'UN FROTTEUR, sur les cours de Louis XVIII et de Charles X, complément indispensable des Chroniques des Tuilleries,	
MARTHE LA LYVONIENNE, 2 v.	6
LE BOSQUET DE ROMAINVILLE, 2 v.	6
RODOLPHE ou A MOI LA FORTUNE, 2 v.	6
LES AMOURS D'UN POÈTE, 2 v.	6
LES JOLIES FILLES, 2 v.	6
LE CAPORAL VERNER et le général garnison, 2 v.	6
DEUX FACES DE LA VIE, ou le poète et l'homme positif, roman de mœurs, 2 v.	6

Auguste Ricard.

LA CHAUSSÉE D'ANTIN, ou HISTOIRE DU MARQUIS DE SAINTE-SUZANNE, 2 v.	6
NI L'UN NI L'AUTRE, 2 v.	6
LA STATUE DE LA VIERGE, 2 v.	6
COMME ON GATE SA VIE, 5 v. in-12.	6
JADIS ET AUJOURD'HUI, 2 v.	6
MA PETITE SOEUR, 2 v.	6
LES VIEUX PÉCHÉS, en société avec Maxi. Perrin, 2 v.	6

Maximilien Perrin.

LA GRANDE DAME ET LA JEUNE FILLE, 2 v.	6
LES MAUVAISES TÊTES, 2e édition, 2 v.	6
LA DEMOISELLE DE LA CONFRÉRIE, 2 v.	6
L'AMANT DE MA FEMME, 2 v.	6
L'AMOUR ET LA FAIM, 2e édition, 2 v.	6
LA SERVANTE MAITRESSE, 2 v.	6
LA FILLE DE L'INVALIDE, 2 v.	6
LE MARI DE LA COMÉDIENNE, 3 v.	6
MA VIEILLE TANTE, 2 v.	6
L'AMOUR D'UNE FEMME, par Charlotte Sor, auteur des Souvenirs du duc de Vicence. 2 v.	6
LA MORT D'UN ROI, par Dominique Mondo, r. h. 2 v.	6
LA FEMME AIMABLE, par Louis Couailhac, 2 v.	6
L'INDUSTRIEL, ou NOBLESSE ET ROTURE, 2 v.	6
MÉMOIRES DE LA MORT, par Carle Ledhuy, 4 v.	12

Imprimerie de Pommeret et Guenot, hôtel Mignon.

MON GÉNÉRAL
SA FEMME
ET MOI,

MÉMOIRES DE CHARLES DE LUCIENNES,

PUBLIÉS

Par le Baron de LAMOTHE-LANGON.

Auteur du Château de St.-Félix, de Bonaparte et le Doge, de Monsieur et Madame, de la Cloche du Trépassé, de Reine et Soldat, de Roi et Grisette, de Mademoiselle de Rohan, de la Femme du Banquier, etc.

> « In youth all action and all life :
> « Burning for pleasure, not averse from strife ;
> « Woman, the field, the ocean, all that gave
> « Promise of gladness, peril of a grave
> « In turn he tried.... he ransack'd all here below,
> « And found his recompense in joy or woe. »
> (BYRON, LARA.)

TOME SECOND.

PARIS
CHARLES LACHAPELLE, ÉDITEUR,
RUE SAINT-JACQUES, 58.
—
1843.

CHAPITRE XXV.

« Nos drapeaux malheureux n'en sont que plus sacrés ;
« Quand la patrie en pleurs de deuil les environne !
« Éternelle infamie a qui les abandonne. »
(DE JOUY, Bélisaire, tragédie.)

L'honorable chambellan m'embrassa avec de grandes protestations de reconnaissance pour ma conduite envers mon général. « J'avais pleinement justifié, me dit-il : la bonne opinion qu'il avait toujours eue de moi. »

Quel changement du reste dans le langage de M. d'Arbois! l'empereur n'était plus *l'homme du siècle, le génie qui ferait l'admiration de tous les âges. Napoléon* perdait la France par son obstination à se refuser à une paix indispensable, quelle qu'elle fut.

M. d'Arbois m'apprit nombre de détails dont je n'avais pas d'idée, et je le quittai tout peiné, mais bien résolu à retourner à l'armée aider l'empereur dans ses efforts, si ce n'est pour chasser l'étranger, au moins pour en obtenir des conditions plus favorables.

Mon général était toujours à son poste, et j'avais été enchanté d'apprendre du chambellan que son neveu était loin de partager sa manière de voir : Le comte aurait engagé s'il l'eut osé, M. de Marilly à quitter l'armée, et celui-ci, au contraire, avait refusé de s'en éloigner, même au prix de l'avancement qu'on lui avait offert.

Fernande rentrait à l'hôtel au moment où j'en sortais. Nous étions seuls : Elle me tendit la main, et, ainsi que j'en avais toujours fait en pareilles circonstances, je mis un genou en terre, pour la lui baiser, et la porter sur mon cœur.

« Mon ami ! me dit-elle, comme toujours aussi, mon Charles !...

— « Je retourne demain à l'armée, lui dis-je.

— « Tu le dois, puisque tu le peux, à la rigueur. Oh ! que je suis justement fière de toi ! J'ai des nouvelles de Fernand....

— « Et moi aussi. J'ai eu, ce matin, une lettre de ma tante. Notre enfant est charmant, m'écrit madame Delmar : C'est tout le portrait de sa mère... Si je succombe avec tant d'autres, ma Fernande, tu auras encore un être à aimer. »

Dans la soirée, M. D'Arbois me fit appeler.

« *Buonaparte* a couronné ses œuvres, me dit-il : on ne sait ce qu'il est devenu ; il s'obstine, je crois, au fond de la Champagne, après un simple rideau de cavalerie, qu'il prend pour la grande armée de Schwartzenberg, et, pendant ce temps là, deux cents mille alliés s'avancent sans obstacle sur Paris. Ils y seront demain : il est impossible que les faibles corps des ducs de Raguse et de Trévise opposent une résistance sérieuse. L'impératrice est partie. Je pars moi-même, non pour la suivre, mais pour me retirer dans mes terres du Berry avec la comtesse et ma nièce. Venez avec nous. Mon neveu veut périr avec son digne maître... que son sort s'accomplisse. »

Je remerciai M. d'Arbois et le quittai en lui annonçant que mes mesures étaient prises pour rejoindre mon général.

« Adieu donc, *monsieur*, me dit-il. »

J'allai prévenir M. de Clarence avec qui j'avais conservé des relations fort étroites et qui occupait un des grades supérieurs de la garde nationale.

« Je savais l'approche des étrangers, me dit-il : nous verrons ce que cela deviendra. J'ai bon espoir dans le courage et la fidélité de la garde nationale. Nous ne pouvons avoir oublié que l'empereur compte sur nous ; il nous avait confié sa femme et son enfant : on a eu tort de les éloigner. Nous n'en ferons pas moins notre devoir, nous défendrons nos familles, nos foyers. L'absence de l'empereur est inconcevable. Paris est malheureusement toute la France, et la perte de la capitale peut entraîner celle du trône impérial. Napoléon est-il donc assez mal servi pour ignorer les intrigues qui se trament ici! La trahison est plus à craindre pour l'empereur, que l'armée ennemie. »

Le trente mars au matin, au milieu d'une foule d'invalides comme moi, qui voulaient tenter un généreux effort, j'arrivai à Romainville et rejoignis mon général, à la tête de sa brigade déjà sous les armes.

« Ma foi, mon cher Germond, je vous savais à Paris, me dit-il, et je vous attendais ici ; je me doutais que vous seriez curieux de pareille fête... Voilà un grand jour pour la France. Ah! si l'empereur pouvait arriver! Il en serait comme à Dresde : les bandes de Schwartzenberg ne tiendraient pas contre la garde elle seule. Si nous restons livrés à nos propres forces, nous ne nous battrons guère que pour l'honneur... C'est pourtant dommage de laisser ces coquins-là entrer à Paris. Faisons notre possible pour nous y opposer.. Vons voyez ma brigade. Huit cent cinquante hommes à peu près... Depuis six jours le diable nous en a voulu . J'ai perdu plus de la moitié de mon monde. Je suis très décidé à faire exterminer aujourd'hui ce qui m'en reste et à marcher en tête, bien entendu. Vous allez m'y aider... Et monsieur mon oncle? qu'en dites-vous? *mutato tempore*, n'est-il pas vrai? Il m'avait procuré le commandement d'une division dans l'intérieur... il est plus soucieux de ma vie que de mon honneur. Je lui ai dit *grand merci*. Cela est très plaisant. Ayons de l'esprit national pour lui et pour nous. »

Il est constant que la bataille de Paris est e plus beau fait d'armes des deux maréchaux.

qui y commandaient. Jamais on ne tira un aussi grand parti de moyens aussi faibles, et il était sans exemple que, vingt-huit mille hommes à peu près que nous étions, eussent fait éprouver à l'ennemi des pertes aussi considérables. Notre maréchal se conduisit avec la même valeur qu'à Vauchamps : jamais un général en chef ne paya autant de sa personne. Il se trouvait partout où le danger était le plus pressant, et si Paris eut pu être sauvé, il l'eut été par lui.

Nos conscrits, écrasés par le nombre, ne manquèrent pas, une seule fois, de se rallier, à sa voix. avec l'ordre et l'intrépidité des vétérans. Nous ne cédames le terrain que pied à pied, et si une seule division de troupes fraîches était arrivée, le soir, pour nous aider à reprendre les hauteurs de Belleville et de Ménilmontant, la capitulation n'avait peut-être pas lieu.

Dans l'état des choses, elle était, je crois, inévitable. Si tout s'était passé honorablement pour l'armée, sur le champ de bataille, il n'en fut pas ainsi à l'intérieur. Paris ne nous offrit pas les ressources que nous devions en attendre.

Jamais musique ne me sembla aussi discordante que celles des trompettes qui proclamaient l'armistice. Nous n'étions pas à cent pas de la barrière.

« Allons, mon cher, me dit mon général: voilà l'annonce des funérailles de la France... Eh bien, prenez donc garde, n'allez pas vous trouver mal, il nous faut retourner à Paris. Vous êtes couvert de poudre et de sang; vous vous êtes battu comme un homme bien portant;

mais du repos et des soins vous sont indispensables... Laissez-moi seul subir la capitulation et passer, s'il le faut, sous les fourches caudines... Vous me rejoindrez si nous conservons quelque espoir de prendre notre revanche : ne brisez pas votre épée, mon ami, l'empereur existe encore. »

Je ne saurais passer sous silence l'épisode, peut-être le plus singulier de cette malheureuse journée. Il se rattache d'ailleurs très étroitement à ce qui m'est personnel.

Je gravissais le petit sentier à droite du bois de Romainville, au grand trot de mon cheval. J'appercevais mon général, lorsque je rencontrai deux hommes magnifiquement montés, et en quasi uniforme de gardes nationaux. L'un, vrai colosse de taille et de force, portait la décoration de la légion d'honneur et semblait cependant subordonné à son compagnon. Celui-ci avait en effet quelque chose de plus distingué, d'aristocratique.

Il me fixa et me dit en fort bons termes, mais avec un accent anglais très marqué : « M. le capitaine, vous voyez un citoyen de la Grande-Bretagne. Ne vous étonnez pas de de me trouver de votre côté. Je crois fortement, sans vous faire injure, que mon pays est encore celui où le sentiment national est le plus développé. Je suis également enthousiaste, comme un véritable et *pur* anglais doit l'être, de l'indépendance et de la liberté de chaque peuple : aussi, depuis six ans, j'ai combattu dans les rangs espagnols contre l'armée française. Je suis entré, le douze de ce mois, à Bordeaux avec lord Beresford. Les cris de la canaille de cette ville, applaudissant à nos succès, m'ont fait mal, et je suis venu, par curiosité, voir si le nord de la

France a plus de patriotisme que le midi. C'est aussi un spectacle intéressant que celui d'une capitale se levant en masse pour repousser une invasion. Sans doute tout Paris va marcher aujourd'hui contre les alliés. Je veux jouer un rôle dans ces événemens : le malheur de Napoléon est devenu *plus grand* que je ne voulais ; je prends parti pour lui. Admettez-moi dans vos rangs; soyez mon répondant, ma caution auprès de vos compatriotes, et je vous jure que nous nous battrons de tout cœur. Nous ne sommes pas venus ici pour nous tenir à l'écart. Cet homme qui m'accompagne est français, puisqu'il est du pays de votre empereur. Il servait dans un de vos régimens de dragons et a été fait prisonnier à Vittoria. Je l'ai arraché à nos pontons, dont il était, menacé, et me le suis attaché ; mais jamais il ne s'est battu contre vous. C'est un caractère ferme, indomptable même : il sabrera encore mieux que moi.

Je tendis la main à ce noble étranger, et le présentai à mon général. Nous n'eumes guère le temps de nous parler davantage. Mes deux nouveaux alliés se tinrent, tout le matin, avec le seul escadron de chasseurs qui restait à notre brigade, et ils y firent des prodiges.

Peu après midi, cet escadron avait perdu tous ses officiers. Mon général m'en donna le commandement, en m'ordonnant de reprendre une hauteur que notre droite venait d'abandonner.

Mes deux acolites se placèrent d'eux-mêmes à mes côtés, et nous reprimes la hauteur par des efforts désespérés.

Le colosse Corse m'avait peut-être paré dix coups de sabre, et j'avais été assez heureux pour en parer un moi même au brave anglais. « *j Thank you*, me dit-il: à charge de revanche. »

Nous célébrions notre victoire par des cris de vive l'empereur, et nous nous remettions en bataille sur notre petite Thermopyle, très disposés à aller plus loin si l'ensemble du mouvement de l'armée l'avait permis. Malheureusement le mouvement était retrograde et il fallut le suivre.

Nous marchions à droite de nos chasseurs, lorsqu'une batterie ennemie nous atteignit. Lord D'Alby (j'appris peu après son nom) fut blessé par la mitraille et chancela. Je le soutins jusqu'au moment où son domestique put l'appuyer et l'enlever, de son bras vigoureux, pour le placer devant lui sur son cheval.

« Je me crois blessé mortellement, me dit le lord avec un sang-froid singulier. Merci, monsieur, de l'honneur que vous m'avez fait. En retour, je vous donne ce brave soldat, ajouta-t-il, en me montrant l'ancien dragon... il va me fermer les yeux et pourra vous retrouver ensuite... votre adresse...

— « Rue de Tournon, 13. »

Ils me quittèrent pour rentrer à Paris, deux heures peut-être avant moi.

Je courus aux dames anglaises. Ma cousine n'existait plus. Les émotions, que ma visite lui avait causées, avaient avancé sa fin... pauvre enfant !

Paris allait être occupé par les alliés, et je risquais, en y restant, d'être traité comme prisonnier de guerre. J'obtins d'Hélène qu'elle m'accompagnat, avec sa mère, à Orléans.

Nous y arrivâmes, le premier avril au soir. Nous avions voyagé avec les chevaux d'Hélène. Le mien, mon bon César, que mon général m'avait rendu, était attaché derrière la voiture.

Mon éloignement de l'armée me désespérait. J'étais à l'affut des nouvelles; je brûlais de partir pour Fontainebleau.

Hélène était en parfaite sûreté à Orléans, sous le patronage du bon M. de Hauteville, le procureur impérial, qui nous avait revus avec plaisir et avait exigé que nous acceptassions un appartement chez lui; j'avais fort bien supporté les fatigues des derniers jours; j'espérais que l'empereur marcherait sur Paris et je désirais, plus que tout au monde, prendre part aux dangers d'un coup décisif qui, selon moi, pouvait encore sauver le trône impérial.

Je dis à Hélène que j'allais simplement m'informer de ce qui se passait aux environs, et, le trois avril au matin, je partis pour Fontainebleau.

L'armée arrivait encore et se réunissait; elle était peu nombreuse, mais dévouée. On parlait de marcher sur Paris... On parlait aussi d'abdication, de régence, etc.

La route de la capitale était sans cesse couverte de voitures, de généraux; on semblait négocier; on croyait à la paix.

Le sixième corps était à l'avant-garde, en position à Essonne.

J'y rejoignis mon général dans la soirée du quatre.

Je ne fus pas peu surpris de son accueil.

« Que venez-vous faire ici? me dit-il. Je vous avais dit de rester à Paris : ne sommes nous pas assez nombreux?

— « Je le désire de tout mon cœur, répondis-je ; mais les alliés le sont encore davantage.

— « Les alliés ont le vent en poupe, lorsqu'au contraire la pauvre France marche à recu'ons.

— « N'espérez-vous donc plus voir changer la face des choses ?

— « En aucune façon. L'éloignement de l'empereur a tout perdu, et c'est au point que je suis tenté de m'en aller. Je ne devrais pas être ici. Maintenant il n'y a plus que de la honte à gagner. Je suis désespéré... Laissez-moi. De grâce, mon cher Germond, allez vous-en. Vous vous repentirez d'être venu ici. »

Je m'efforçai, en causant avec quelques officiers, de découvrir la cause de la peine de mon général.

On me parla de nouveau de négociations pour la paix, avec la régence de l'impératrice. Le maréchal était à Paris; les courriers se succédaient à chaque instant et l'on s'attendait à de grands événemens.

Ne pouvant concevoir la manière d'être de M. de Marilly, je ne le revis pas de toute la soirée. Je me couchai sur une botte de paille, près de mon cheval dans une grange de la ferme qu'il occupait.

Dans la nuit, nous reçumes l'ordre de prendre les armes et de marcher sur Versailles.

« Ne suis-je pas arrivé bien à propos, dis-je, tout joyeux à mon général, en nous mettant en route... Nous allons rentrer, je l'espère, à Paris.

— « Ce ne sera pas par la bonne porte, me dit-il, consterné.

— « Au nom de Dieu, mon général, qu'y a-t-il donc ?

— « Vous le saurez toujours trop tôt : votre curiosité ne tardera pas a être satisfaite. C'est un grand jour que celui-ci... je ne dis pas un beau jour. L'histoire en conservera le souvenir, à l'éternelle honte des traitres et des ingrats. Un maréchal de France ! un des plus anciens compagnons d'armes, un ex-aide-de-camp de l'empereur, comblé par lui de biens et d'honneurs, sépare sa cause de celle de son maître !... et ce n'est pas cependant un méchant homme !... il s'est laissé prendre au piège que lui a tendu le généralissime autrichien. Je suis même surpris du mouvement : le maréchal avait dû dire d'attendre ; mais le général, qui commande en son absence, n'hésite pas, lui... Le maréchal conserve peut-être quelque ressentiment des reproches que l'empereur lui a parfois adressés sur ses nombreuses défaites, et particulièrement en dernier lieu à Rheims pour l'affaire de Craonne ; mais S**!... On dit qu'il a puisé six mille francs encore, ces jours-ci, dans la bourse de Napoléon !... Voyez, mon ami : apercevez-vous enfin ce dont il s'agit ? nous sommes au milieu de l'armée étrangère... Voilà à notre gauche un escadron de *nos amis* les cosaques. On nous a fait marcher de nuit pour nous placer dans cette belle position. Le jour paraît pour éclairer notre honte.

— « Mon général, retournons à Fontainebleau.

— « Il est trop tard : la route nous est maintenant barrée, ces honnêtes gens ont pensé à tout. Les alliés ont passé le pont de Corbeil, au moment où nous partions d'Essonne. Nous nous ferions écharper en pure perte. Nous sommes ici douze à quinze mille hommes dans des plaines : voilà trente mille hommes de cavalerie autour de nous. Entendez-vous leurs fanfares? Ils vont nous en donner ainsi jusqu'à Versailles. Oh! ils sont très contens de nous. Ils nous cèdent la grande route. Voyez aussi nos malheureuses campagnes... Chère France! tu es perdue, puisque tes enfans eux-mêmes se prêtent à ta ruine... Depuis Dupont à Baylen, on n'avait rien vu de semblable ! »

A trois heures après midi, nous étions à Versailles; les alliés en occupaient les casernes. On nous logea chez l'habitant.

« Le maréchal nous passera demain en revue, me dit M. de Marilly. J'ignore ce qu'ensuite on fera de nous. Je ne suis pas tenté de suivre plus longtemps les destinées de ce corps d'armée : après la revue, je gagnerai Paris. »

Dans la nuit, les autorités, s'autorisant de je ne sais quel décret anti-français, émané du gouvernement provisoire, institué sous les auspices des étrangers et qui licenciait les gardes nationales actives et les troupes de nouvelle levée, les autorités, dis-je, encouragèrent la désertion, en donnant connaissance à nos soldats de ce fatal arrêté.

Le six, nous ne comptions pas neuf mille hommes, qui se réunirent dans les grandes allées.

Je déjeûnais avec mon général entre onze heures et midi, avant de nous rendre à la revue. Nous entendîmes une rumeur très vive : des officiers de dragons criaient : *vive l'empereur* et proféraient de justes malédictions contre les traitres.

Nous nous empressâmes de nous rendre à notre brigade : on disait que les alliés voulaient nous désarmer, et l'indignation était générale; Les cris de *vive l'empereur* partaient de tous les rangs.

L'abominable S** voulut haranguer la troupe... un bruit épouvantable couvrit sa voix. Un sous-officier dirigea même le canon de son fusil vers lui.

Le traitre se hâta de se soustraire à la vindicte nationale.

On répandait le bruit que Napoléon marchait sur Paris. « Retournons vers lui, partons ; mourons pour la France, disaient de braves jeunes gens. »

Le maire accourait nous solliciter de quitter la ville. Il tremblait avec raison de voir les alliés sortir des casernes, dont ils avaient fermé les grilles, et qu'un combat terrible ne s'en suivit.

Les habitans s'empressaient de fermer et barricader leurs maisons.

Nous partons pour retourner vers l'empereur, par la route de Chartres, sachant que nous ne pourrions regagner Fontainebleau par Essonne. Notre enthousiasme était au comble; nous aurions passé sur le ventre à tout ce qui aurait tenté de nous retenir.

Les alliés ne quittèrent pas leurs casernes.

Le maréchal était arrivé à Versailles. Instruit de notre départ, il s'empressa de courir après nous. Il nous rejoignit, à deux lieues environ, dans une grande prairie à gauche de la route, où nous avions pris position.

Il monta sur un petit tertre et réunit autour de lui les chefs de corps. Il était pâle et abattu : il sentait combien sa position était difficile. Je m'approchai, et, placé derrière mon général, je ne perdis pas un mot de son discours.

Son texte fut : *La patrie avant tout.* « L'empereur est perdu, dit-il : les alliés refusent de traiter avec lui... Notre armée n'a plus que des cadres; ils sont précieux à conserver. Conservons les en effet pour les recruter et forcer les étrangers à la retraite, s'ils ne tiennent pas l'engagemeut qu'ils ont contracté d'évacuer la France sous le plus bref délai... Le sixième corps aurait reçu de suite à Versailles, s'il y était resté, un mois de solde et successivement tout son arriéré. Il est impossible d'y rentrer désormais : les alliés ne le souffriraient pas... Mais la route de Normandie est libre : Il faut aller s'y reposer dans de bons cantonnemens. Les suites de cette échauffourée seraient terribles si on y persistait : l'armée ennemie est toute entière entre l'empereur et nous, etc. etc. »

Un seul cri de *vive l'empereur* aurait empêché l'effet de cette belle harangue ; je l'attendais à chaque instant ; je fixais ces figures guerrières, qui, deux heures auparavant, brillaient d'enthousiasme et de gloire...

Aucune objection ne fut faite et quelques apologies même furent balbutiées...

Les auditeurs du maréchal étaient des généraux, des colonels. Je m'y trouvais seul de mon grade et par contrebande. Entouré de sous-lieutenans, le maréchal n'aurait pas terminé son discours et peut-être eut-il été poignardé.

Cinq minutes après, le sixième corps prenait paisiblement la route de Normandie.

Mon général était consterné et ne levait pas les yeux ; il s'approcha de moi.

« Nous n'avons plus que faire ici, me dit-il. Demain ma brigade ne comptera pas cent hommes... Je pars pour Paris... Y venez-vous ?

— « Non, mon général : il me faut retourner à Orléans à la garde d'Hélène, que j'y ai conduite.

— « Comment allez-vous faire ? Les alliés occupent toutes les issues.

— « J'ai vos cartes de Cassini ; mon cheval est excellent ; mon sabre et mes pistolets ne valent pas moins, et je ne souffre que très peu de ma blessure. Il faut que j'arrive demain soir à Orléans, mort ou vif.

« Allons, mon ami César, dis-je en caressant mon coursier, c'est ici que j'ai besoin de toi. »

J'approchais d'un gros bourg.

« Mon officier, mon officier, me crie un paysan, il y a là des Russes : prenez-y garde.

— « Comment les éviter, en continuant ma route ?

— « Suivez-moi. »

Le brave homme me conduit par de nombreux détours et je regagne mon chemin.

« Vous avez un moyen bien simple de ne rien craindre, me dit-il. Faites comme eux : Mettez vous une cravatte blanche au bras gauche en signe d'alliance, et ils vous laisseront passer. Ils vous feront même amitié : ces coquins-là se disent maintenant nos alliés. »

Qu'à cela ne tienne. Voilà le signe d'alliance à mon bras. Du diable si j'aime ces nouveaux amis ; mais j'ai fait pis que cela pour échapper aux Prussiens.

A la nuit, j'eus occasion de goûter l'excellence de l'avis du paysan.

Je *tombai* dans un poste autrichien : on me conduisit au major-commandant.

« Un officier Français ! cria-t-il surpris, en m'appercevant. De quel corps d'armée ?

— « Du sixième.

— « Soyez le bien venu, *mon cher ami.* »

Il ne savait quelle fête me faire. Il ignorait encore notre escapade du matin : je la lui appris, ainsi que le calme plat, qui avait promptement suivi la tempête.

Je vis, tour-à-tour, l'effroi et le plaisir se peindre sur son visage.

Il m'engagea à passer la nuit dans son logement. Mon cheval étant excédé de fatigue, j'acceptai.

Il me donna un fort bon souper.

« La guerre est finie, je retourne à Orléans, lui dis-je.

— « Je crains qu'on ne vous laisse pas passer aux avant-postes.

— « Pourquoi ? puisque nous sommes maintenant en paix.

— « Vous pourriez gagner Fontainebleau, et Napoléon y est toujours.

— « Vous le craignez donc encore ?

— « On dit qu'il refuse d'abdiquer.

— « Je conviens que vous avez sujet de le craindre, car nous ne valons que par lui. Si la France le perd, elle ne pèse plus que bien faiblement dans la balance de l'Europe. Vous le reconnaissez, puisque vous vous donnez tant de peine pour le séparer de la France. Cela ne m'étonne pas de la part des étrangers. Ce moins naturel, c'est que des Français vous qu'il y a de secondent.

— « Parbleu ! vous parlez en brave garçon, me dit-il. Ce langage me plait : il est franc et le seul digne d'un militaire. Il n'est pas pardonnable de médire de son général quand il est malheureux. Il n'est pas un de nous qui n'admire votre empereur : il nous a battus assez longtemps... Je ne puis croire même que François II se prête à détrôner son gendre et son petit-fils.

« En tout cas, je conçois votre désir d'aller retrouver votre famille, et, dussiez-vous me tromper et courir de nouveau vers Napoléon, je vous donnerai les papiers nécessaires pour que vous puissiez arriver à Orléans. »

J'y arrivai, grâce à lui, à mon écharpe blanche et à mon bon cheval.

CHAPITRE XXVI.

» Mobilis et inquieta mens homini data est : Nunquam se tenet ;
« Spargitur vaga, quietis impatiens, novitate rerum lætissima. «

(SALLUSTE.(

———

L'empereur abdiqua et partit pour l'île d'Elbe.

J'eus beaucoup de peine à me faire pardonner par Hélène ce qu'elle nommait ma folle *furia militare*; mais elle m'aimait et ne pouvait longtemps me tenir rigueur.

Je la calmait tout à fait en lui disant que j'avais refusé de suivre mon général, qui s'en allait commander une division dans le midi. Je n'ajoutai pas qu'à la vérité Fernande m'avait ordonné ce refus, obligée qu'elle était, m'écrivait-elle, à aller *tenir la maison* de M. de Marilly, et prétendant qu'il était impossible que nous vécussions sous le même toit.

Je déposai de nouveau l'uniforme.

Je désirais entrer dans la magistrature, par souvenir de mon oncle.

Je revis M. d'Arbois.

Il était puissant auprès du lieutenant-général du royaume, ainsi qu'on nommait alors M. le comte d'Artois, qui, comme on le sait, ne pouvait rien refuser et signait l'abandon de nos places fortes et de leur immense matériel, avec un laisser-aller charmant, une grâce toute française.

L'époque n'était pas favorable pour solliciter. Toute la France prétendait avoir droit à des récompenses. Les uns se vantaient de leur opposition d'inertie à l'égard du gouvernement déchu ; d'autres disaient ne l'avoir servi que pour le trahir... fallait-il donc me prévaloir d'avoir fait partie du sixième corps !

Les nouveaux militaires, ceux qui n'avaient jamais paru dans nos rangs contre les étrangers, étaient particulièrement bien accueillis. Aussi ma résolution était-elle vraiment toute rationnelle : il devait être plus facile de devenir magistrat que de continuer le service militaire d'une manière avantageuse. Tous ces hommes en crédit n'avaient pas fait leur droit, et on ne pouvait pas leur délivrer des diplômes de licenciés, comme des brevets d'officiers. Un substitut ne s'improvise pas comme un sous-lieutenant; nous n'étions pas encore en 1815.

M. d'Arbois me promit de s'employer pour me faire avocat-général.

Madame de Marilly, qui rentrait, entendit les derniers mots de son oncle.

« Qu'elle est cette nouvelle folie? me dit-elle.

— « C'est, au contraire, de la sagesse pure : tu me défends de rester aide de-camp de ton mari, je t'obéis, je prends un autre parti.

— « Tu veux te faire *robin*!.. cela est absurde. La magistrature actuelle est mal composée, toute plébéienne.

— « Je suis plébéien moi-même.

— « Eh! je ne le sais que trop ; mais il faut t'anoblir. Tu as une belle fortune ; je te fais entrer dans la maison du roi, et tu ajouteras à ton nom celui de la terre de ton oncle.

— « Je suis antipathique de toute tricherie.

— « Ce n'en est pas une. Les plus anciennes familles en ont fait ainsi : tu as gagné vingt fois tes éperons, sur les champs de bataille.

— « Ma Fernande, s'il était en mon pouvoir de te donner mon nom, je le rendrais aussi grand que possible, pour qu'il te parut digne de toi ; mais je ne ferai pas, uniquement pour te complaire, ce que mon honneur, bien ou mal entendu, si tu le veux, me reprocherait. Laissse-moi juger ou conclure *plébéyennement*, en temps de paix. Je te jure de reprendre l'uniforme et de me battre très *noblement*, à la première guerre. Grand merci, du reste, de m'avoir fait chef d'escadron. Je trouvai mon brevet chez moi après la bataille de Paris, et je regrette de n'avoir pu porter les belles épaulettes que tu y avais jointes, pour assister à la défection du sixième corps... Adieu, ma Fernande; tâche de me faire comte ou marquis si jamais tu es à même d'épouser le père de ton fils : jusque-là, permets-moi de rester *Charles Germond* tout court. »

Je ne persuadai nullement madame de Marilly : elle retira sa main, que je voulais baiser bien respectueusement, et me quitta en boudant.

A quelques jours de là, j'étais à la fenêtre de mon entresol, lorsqu'une magnifique calèche s'arrêta à ma porte.

Je reconnus les nobles coursiers que, le 30 mars, à la bataille de Paris, montaient lord Dalby et *son Corse*.

Celui-ci s'assura du numéro de la maison, m'aperçut et monta.

J'avais souvent pensé au genéreux anglais, et je regrettais de ne pas connaître son adresse pour aller savoir de ses nouvelles. Le bruit des armes et mes souffrances, physiques et morales, ne m'avaient pas laissé la présence d'esprit nécessaire pour m'informer de sa demeure.

Valli, c'est le nom de l'ancien dragon, m'apprit la mort de son maître.

« Milord a succombé avant-hier, me dit-il, il m'a ordonné de venir vous trouver, aussitôt après lui avoir rendu les derniers devoirs, et de vous prier d'accepter ses armes, sa voiture, ses chevaux, et même ces deux superbes dogues des Pyrénées, qui sont incomparables par leur force et leur instinct. Ce sont bien les deux meilleurs *gardes du corps* et les amis les plus sûrs qu'on puisse avoir...

« Je m'offre aussi à monsieur ; je me donne à lui à la vie et à la mort, s'il daigne agréer mes services, et je ne suis pas moins fidèle que les dogues de milord. Si monsieur connait la Corse et ses habitans, je n'ai pas besoin d'insister davantage. Le dévouement est un besoin, un culte pour moi. Pendant douze ans, j'ai aimé et servi de toutes les forces de mon âme, mon capitaine, qui a été tué près de moi à Vittoria. Milord d'Alby m'avait vu le défendre blessé contre toute une compagnie.. Mon nouveau maître m'a quitté, à son tour, et je lui obéis encore en venant à vous.

— « J'accepte, mon brave soldat, lui dis-je. et c'est plutôt un *dévoué* qu'un domestique que je désire trouver en vous. J'espère que la servitude à mon égard ne vous sera pas pesante... Quant à ces armes, cette calèche..

— « Oh! reprit Valli, en plaçant la main sur son cœur, j'atteste que milord vons les a *bien données*. J'ai déjà mis en route pour l'Angleterre le surplus de ses effets. Milord me l'avait ordonné. »

Je crus devoir le prévenir que je quittais le service militaire, en raison de la paix.

« Eh bien, me dit-il, je n'y retournerai pas. L'empereur n'y est plus lui-même. »

Je pus comprendre dès ce moment que c'était plutôt l'affection pour son capitaine que le respect pour la discipline militaire qui l'avait retenu douze ans à son régiment. Les lois et tous autres freins sociaux frappaient peu son attention. Valli était le montagnard dans sa rudesse, dans toute son indépendance primitive. Il n'était esclave que de son cœur, de son dévouement à celui qu'il avait adopté pour maître.

Il me prit fantaisie de sortir en calèche.

Je remarquai que mon dragon boutonnait sa redingotte bleue à gauche, et ne laissait ainsi voir son ruban rouge que quand il le voulait bien. Il en fit toujours ainsi, et je le concevais.

Au moment de monter en voiture, j'eus à passer par une singulière cérémonie, celle de ma présentation aux deux dogues, ou des deux dogues à moi. Je ne sais, en vérité, comment dire.

Valli les appela, leur *dit* en me touchant, que j'étais leur nouveau maître, qu'ils devaient m'aimer, m'obéir et me défendre.

Les deux beaux animaux semblèrent le comprendre. Ils me flairèrent, répondirent à mes caresses, jappèrent quelque peu et retournèrent s'établir sous la tête des chevaux, sans s'en écarter le moins du monde, sauf parfois, pour éloigner bêtes ou gens de notre passage, avec un instinct admirable.

Ce m'était un spectacle fort curieux, et j'en pris une grande opinion de mon importance, d'autant que je commençais à m'habituer à la pensée que j'étais bien réellement en possession de la fortune de mon oncle. Et j'étais légataire en pleine sureté de conscience puisque j'avais voulu tout restituer à la seule héritière légitime.

L'équipage et le domestique m'arrivaient comme une conséquence de ma fortune, et leur accessoire. ma meute Pyrénéenne me donnait un air de bizarrerie, emblème de la voie singulière par laquelle ils m'arrivaient.

J'avais gagné le cœur de Valli, à la bataille du 30 mars, et plus encore, en ne lui parlant que la langue de son pays, moins par coquetterie à son égard, toutefois, que par un but d'utilité pour moi. Je saisissais cette occasion, comme toujours avec Fernande, d'apprendre ou de me rappeler l'italien. J'ai constamment goûté un plaisir infini à parler une langue étrangère; c'est souvent une occasion de dire mille choses qui autrement sembleraient hardies ou déplacées, et je m'étais si bien trouvé en Allemagne de parler allemand, que je préférais mon érudition en ce genre, à des connaissances plus profondes cependant, et plus estimées dans la société.

Nous rencontrâmes un domestique de monsieur d'Arbois. Il allait chez moi et me remit un paquet cacheté.

M. d'Arbois m'envoyait l'ordonnance qui me nommait avocat-général à la cour royale de N***.

« Allons me dis-je : mon oncle prétendait que c'est le seul état où l'on jouisse d'une indépendance totale, où la conscience soit complétement à l'aise, et où l'on n'ait pas même l'occasion de faillir. Je verrai bien.. Je saurai si la magistrature, naguère encore impériale, est aussi mal composée que le prétend Fernande. Vraiment, en voyant ainsi de tout un peu, j'ai plus de chances qu'aucun d'acquérir une sagesse non commune.

« Il va falloir partir pour N***, dis-je à Valli.

— Est-ce de suite ou demain au matin ? me répondit-il.

— « Le plustôt possible, afin d'aller à petites journées, pour ne pas fatiguer les chevaux. Vous m'attendrez à Tailly, à trois lieues de N*** où je vous rejoindrai par le courrier. »

Je fus de suite faire ma visite de remerciemens à mon noble protecteur.

Le laquais de M. d'Arbois me dit que le marquis avait donné l'ordre d'introduire *M. de Luciennes*, aussitôt qu'il se présenterait.

J'avais bien lu sur l'ordonnance de ma nomination que c'était *Germond de Luciennes* que l'on faisait avocat-général; mais, ébloui ou étourdi de mon bonheur, si l'on veut, je n'y avais fait que peu d'attention. Cette fois, à la voix du laquais, je fus sur le point de regarder autour de moi pour chercher *M. de Luciennes*. Je me rappelai à propos avoir parlé à Fernande de la terre dont mon oncle m'avait fait don.

Madame de Marilly s'obstinait à anoblir son ami, fut-ce en dépit de lui. Elle avait dit à sa famille la riche succession que je venais de faire, et, M. d'Arbois ayant eu occasion d'exprimer son regret d'avoir à solliciter pour un nom aussi plébéien que le mien, Fernande avait pris sur elle de lui dire que j'allais y ajouter celui de *ma terre de Luciennes*.

Il n'en avait pas fallu davantage au comte impérial, redevenu marquis royal par le fait seul de la restauration, pour réformer ou allonger mon extrait baptistaire. Puis, pour en imposer d'autant plus à ses gens par la sonorité des noms de ses relations, il leur avait dit que j'étais désormais *M. de Luciennes*, de même que quelques jours auparavant, il les avait prévenus qu'il n'était plus comte mais marquis. Tel était l'esprit de l'époque, et c'est bien son côté le plus innoffensif.

« *Luciennes* soit donc, dis-je après avoir eu le temps de me reconnaitre. Cela ne fera Charles Germond ni plus fier ni plus humble, ni meilleur, ni plus mauvais. »

Je présentai mes remerciemens empressés, et le marquis se montra plus obligeant que jamais; il me donna des renseignemens précieux sur le personnel de la compagnie où j'allais entrer. Tous les cartons de la chancellerie lui avaient été ouverts.

« Vous voyez, mon cher de *Luciennes*, me dit-il, que la magistrature se sent de son origine révolutionnnaire. *Nous* ne tarderons pas à y porter remède, et j'espère que vous nous y aiderez. Vous êtes en position d'arriver à tout, et vous n'aurez qu'à vous féliciter de vous être attaché à ma famille... Adieu, mon cher ; je suis heureux de vous avoir été agréable. »

Je traçai pour Valli un itinéraire de Paris à Tailly près de N*** en manière de feuille de route. Il entendait d'ailleurs à demi mot, et ne s'étonnait de rien.

Une inquiétude me préoccupait. Ce n'est pas tout d'obtenir un emploi : il faut le remplir, si ce n'est avec distinction, au moins suffisamment. Or, depuis treize mois, je vivais entièrement étranger aux affaires ; depuis bien p'us longtemps encore, étranger à la plaidoirie, et je me rappelais les vers de Properce :

« Turpe est quod nequeas capiti committere pondus, etc. »

Le règne du sabre avait cessé ; *celui de la puissance de la parole* commençait. Serais-je à sa hauteur ?

Il eût été désolant d'aller faire *fiasco* sous la pourpre royale et parlant au nom du prince.

Je me rappelais avec plaisir ma faconde aux assises et dans cette grande affaire de séparation de corps devant la cour impériale; mais Fernande, dans son horreur pour la profession d'avocat, avait alors condamné mon éloquence au silence, et je craignais de n'en plus trouver trace.

J'allai faire part de mon inquiétude à mon ancien patron, M. Lebert, ce vieux praticien si expert, si intrépide, que j'avais désarçonné, à mes débuts au barreau.

Il me reçut parfaitement et m'offrit de reprendre ma place dans son cabinet, plus florissant que jamais par la clientelle de tous les revenans de l'époque.

« Dans deux ans, je vous laisse gratis ma succession, me dit-il: et c'est un vrai cadeau; je puis vous montrer mes livres d'ordre. Je suis en train d'atteindre au traitement d'un maréchal de France; mais il me faudrait un homme comme vous pour me seconder; je ne sais plus à qui entendre : Je dois doubler mes bureaux et renoncer à la plaidoirie... Voilà un dossier des mieux *nourris*, comme vous voyez : l'affaire est fixée à demain et je n'ai pas encore eu le temps d'y regarder. »

Je lui appris mon entrée dans la magistrature.

« Ma foi, mon cher disciple, je ne saurais vous en faire compliment, me dit-il. On ne gagne pas de l'eau à boire dans cet état là, on y travaille *ad honores*, et c'est pure duperie de s'attacher à pareille collier de misère. Je vois que vous n'avez rien gagné, *en saine et vraie raison*, dans l'année que vous venez de passer au service du *grand homme* ; vous n'en êtes pas revenu plus sage que lui-même, et tandis que votre maître s'achemine niaisement vers une ile, où il est impossible que sa gloire puisse vivre paisible pendant un an, vous allez, vous, enfouir dans un chétif chef-lieu un talent incontestablement digne de la capitale... Vous êtes par trop modeste. Que diable! vous n'y êtes pas forcé... Tenez, plaidez pour moi demain ce grand procès. Cela vous remettra le cœur à l'ouvrage. Faites annuler ce testament, attaqué pour captation et suggestion. Cela doit être bon, car on m'a promis des honoraires magnifiques. Je vous en ferai bonne part. La question de droit est fort simple. Toute la discussion gît dans l'interprétation de cette volumineuse enquête, et vous êtes passé maître dans ces escobarderies; allons, à l'œuvre.

— « Soit. J'accepte, lui dis-je; mieux vaut reprendre le harnais ici que là-bas. A la différence de tant d'autres, le grand théâtre m'effraye moins que le petit. Mais dites-moi, mon cher maître : Quels livres modernes me faut-il étudier? Quoi de nouveau dans la jurisprudence depuis un an?

— « Pure plaisanterie *Nihil sub sole novum*.

Depuis un an, on s'est beaucoup plus occupé de guerre que de chicanne, à mon grand préjudice, et la science est restée stationnaire. Soyez tranquille sur votre capacité : rappelez-vous nos avocats généraux... Crème fouettée que tout cela, science de salon, et il en est nécessairement à N*** comme ici : vous y serez un aigle, un oracle, si l'esprit malin vous y pousse ; mais j'espère vous retenir par le succès... Travaillez, gagnez-moi ce beau procès. »

Je trouvai plaisant de m'asseoir de nouveau dans le fauteuil classique que j'avais si longtemps occupé, où j'avais tant rêvé d'Hélène et de Fernande. Leurs noms étaient tracés par moi avec un canif sur un coin de la vieille table vermoulue.

J'ouvris le dossier, je le fouillai jusqu'aux entrailles, comme on dit. Je retrouvai mes autorités, mes livres favoris et, après cinq heures de travail, je promis à M. Lebert de plaider, le lendemain, et de gagner ma cause.

Il me retint à dîner et me donna bon nombre de renseignemens et d'instructions sur ma nouvelle position.

Je me trouvai d'abord assez gauche sous mon uniforme noir ; mais si mon exorde fut embarrassé, la robe produisit bientôt son effet et je retrouvai toute ma facilité.

« Peste! où prend mon esprit toutes ces gentillesses ? »

Me disais-je *in petto*, avec le sosie de Molière.

Ma réplique, le second jour, fut bien autrement entraînante encore.

M. Lebert en était enthousiasmé. Il m'embrassa en me nommant son digne élève, son disciple, son émule ou plutôt son maître. Le bonhomme radotait.

Le troisième jour, les conclusions me furent contraires, et je laisse à penser si je partageai l'avis de mon patron sur l'ignorance ou la faiblesse de messieurs les avocats généraux près la cour royale de Paris.

L'arrêt me consola peu après : je gagnai complètement mon procès.

Je ne fus pas tenté d'aller faire part à Fernande de ma réapparition au barreau ; mais, encouragé par le succès, je m'aventurai à faire au procureur général de N***, qui se trouvait à Paris, une visite de convenance qui ne laissait pas de m'embarrasser, puisqu'il avait été au moins étranger à ma nomination. Il me reçut fort poliment.

Je trouvai un billet de M. Lebert chez moi. Il me priait d'accepter la direction de son cabinet, m'en promettant la cession, gratuite et prochaine, et ajoutait que sa fille unique venait d'atteindre sa quinzième année et sortait de pension à la fin de l'été...

C'était pour moi l'époque aux aventures. « Une jeune pensionnaire ! un cœur tout neuf à former, à instruire ! puis le tourbillon des affaires, le séjour de Paris !... Sous les yeux d'Hélène, d'Hélène tant aimée... C'est impossible. On ne se marie pas sans amour : je n'en ai pas pour une inconnue, et la pauvre enfant qu'on jetterait dans mes bras, n'en saurait avoir pour moi. Un mariage semblable serait absurde, impardonnable. »

Je n'hésitai pas un instant. Je répondis à M. Lebert, en protestant de ma reconnaissance pour ses bontés infinies, mais en m'en déclarant indigne. « Je pars pour N*** dans quelques heures, écrivais-je en finissant, et je renonce à jamais à l'état d'avocat. »

CHAPITRE XXVII.

« La carrière du théâtre est animée, brillante, toute d'émotions;
« Il n'en est pas où l'on sente plus vivement la vie. »

(Casimir Bonjour, Les Comédiens.)

Hélène finissait de chanter l'Antigone, de Sacchini, avec un immense succès, lorsque j'allai la retrouver. Le moment était mal choisi pour lui offrir de renoncer à une carrière si ennivrante et d'aller vivre en province en grande dame bien insignifiante, bien ennuyée.

« Mon ami, me répondit-elle, je ne te conçois pas, et, quelque soit ton empire sur moi, je n'y saurais céder, cette fois... Pardonne moi de te refuser et de te préférer mon état, mon bonheur : je n'y saurais renoncer, à vingt-deux ans... Tu me reviendras, méchant fou ; tu me retrouveras toujours la même, parce que, vois-tu, il y a longtemps déjà que je t'aime, et je te pardonnerai de nouveau, dans l'espoir que tu finiras par m'aimer... tout à fait, comme je désire être aimée. »

Que répondre à cela ? Je sentais très bien que je ne pouvais pas donner à Hélène autant que je lui offrais de quitter. Elle devait un bonheur infini au culte des arts et ne pouvait m'aimer qu'en seconde ligne. La réflexion me forçait à convenir qu'elle avait raison. Mieux encore : la passion d'Hélène pour son état était ce qui m'avait rendu si heureux moi-même. Sans cesse occupée de musique; passant sa vie à son piano ou à travailler, sous les yeux de sa mère, aux mille chiffons nécessaires à une actrice, elle n'éprouvait pas un instant d'ennui ; elle n'avait pas même le temps de concevoir une pensée d'intrigue, et c'est ainsi que notre intimité avait été sans nuage. Elle m'accueillait, toujours riante, et me tendait la main, parce que mon amour n'était pour elle que le complément d'une existence d'enchantemens.

De son côté madame Duval m'était un puissant auxiliaire. Elle me savait gré de vouloir épouser Hélène et désirait que sa fille acceptat ma main et se retirat du théâtre, quelque avantage qu'elle y trouvat.

Justement fière du talent et de la conduite d'Hélène, elle me dit, à mon départ : « Soyez tranquille ; je vous la conserverai et vous m'en remercierez, car si vous l'oubliez jamais, ce ne saurait être pour longtemps. »

Elle avait raison. Les événemens ont toujours été d'accord avec mon cœur à cet égard.

CHAPITRE XXVIII.

« Il est des nœuds secrets, il est des sympathies ;
« Dont, par un doux rapport, les âmes assorties
« S'unissent l'une à l'autre et se laissent piquer
« Par ce je ne sais quoi qu'on ne peut expliquer. »
(P. Corneille, Rodogune, tragédie).

Je partis de Paris par le courrier, pourvu de lettres de recommandation pour toutes les notabilités de N***.

J'eus le temps de me recorder pendant la route, et le résultat de mes réflexions fut que je devais être satisfait de ma position : je m'étais montré digne de la fortune de mon oncle en voulant la rendre à ma jeune cousine, dont je regrettais vivement la perte; j'étais remis des fatigues de notre malheureuse mais glorieuse campagne de France; j'avais la conscience d'y avoir fait mon devoir, d'avoir défendu le sol sacré de la patrie jusqu'au dernier moment; j'étais dans la force de la jeunesse; je laissais derrière moi Hélène, dont l'attachement ne pouvait jamais me manquer, qui finirait nécessairement par consentir à me suivre aux lieux où m'appelait mon état, et je venais prendre possession d'une place honorable et qui flattait mon amour propre, avec beaucoup d'or en poche et un portefeuille bien garni.

Valli, arrivé de la veille au soir, ainsi que son itinéraire le lui prescrivait, avec la ponctualité d'un vieux troupier, m'attendait, à la descente du courrier, à Tailly, à neuf heures du matin.

Il sembla tout heureux de me revoir, et les dogues, moins respectueux ou plus démonstratifs qu'à Paris, m'imposèrent amicalement leurs pattes de devant sur les épaules, et me donnèrent l'accolade, au grand effroi des spectateurs, qui les prenaient pour des ours.

J'entrai à l'hôtel pour déjeûner et Valli alla préparer ses chevaux.

C'était jour de foire à Tailly : grand était le mouvement dans l'hôtel ; cependant mon équipage me valut un accueil exceptionnel, et une servante jeune et accorte fut chargée de veiller à mes besoins.

Elle était rieuse et me fit mille contes assez plaisans.

J'en fus distrait par un dialogue très animé que j'entendais dans une chambre voisine : une voix de femme venait à mon oreille avec un accent suppliant d'une douceur et d'une mélodie inexprimables.

« Qu'est-ce donc ? dis-je à la petite servante.

— « Bon ! répondit-elle avec distraction, c'est madame ou mademoiselle Rachel, car on ne sait pas plus ce qu'elle est que d'où elle est venue, cette marchande de la rue Saint-Jean à N***, dont le magasin est si élégant.

— « Mademoiselle Rachel ?

— « Oui... *la juive*. On ne connait qu'elle à N*** et elle est détestée ! on ne saurait dire. Aussi, pourquoi voulait-elle accaparer le commerce de blancs et de nouveautés, en vendant à meilleur marché que les autres...

elle est là demandant crédit à ce gros fabricant de Saint-Bois. Elle s'adresse bien ! le fabricant est plus juif qu'elle, de fait, si ce n'est de religion.

La voix et l'accent exerçaient sur mon cœur un charme auquel je ne pouvais plus résister. Il me fallait de toute nécessité *aller à* celle qui faisait si douce musique. Il me semblait que c'était mon aide, mon appui qu'elle implorait, et je ne pouvais non plus les lui refuser, que si, en danger de se noyer, elle m'avait tendu la main pour que je lui sauvasse la vie.

« Allez prévenir mon domestique que je suis prêt à partir, dis-je à la petite servante. »

Sans frapper à la porte, sans aucune apologie, j'entre dans la chambre où j'entendais le débat. J'aperçois une femme prosternée aux genoux d'un homme épais, à figure impassible. Il répondait par des sarcasmes ignobles aux larmes de l'infortunée, qui le suppliait de ne pas la déshonorer, en faisant protester pour trente mille francs de billets qu'elle devait lui payer le jour même. Tous ses efforts n'avaient pu lui procurer que le tiers de sa dette.

Elle se couvrait le visage de ses mains en sanglotant et me cachait entièrement ses traits.

J'allai droit à elle, et il ne me vint nullement à l'esprit de la nommer *madame* ou *mademoiselle*.

« Relevez-vous, Rachel, lui dis-je, vous n'avez plus personne à supplier. Voilà les vingt mille francs qui vous sont nécessaires et, pour qu'il n'en soit plus question, vous

me les rendrez à N***, *quand vous voudrez.*
Je n'en ai nul besoin. »

Je déposai sur une table voisine vingt billets de banque de mille francs.

Rachel se tenait debout devant moi, sans prononcer un mot, me regardant avec une expression indicible.

Je pouvais enfin la voir. Sa beauté était toute fantastique, et j'ai trouvé en effet depuis, son portrait dans Hoffmann. Son extrême pâleur doublait la force de son regard.

Ma pâleur personnelle, provenant de la fatigue de deux nuits passées en voiture et de l'émotion de ce moment, l'étonnait peut-être aussi.

Je couronnai le romantique de cette scène en me jetant à ses pieds.

« Partons, lui dis-je, Rachel. Je vais moi même à N***. Ma voiture nous attend. Retirez vos billets, vos factures des mains de *cet homme*. Partons.

— « Ah! dit-elle, tu es à genoux devant moi, m'offrant ta fortune... Qui es-tu donc ? »

— « Parbleu! c'est votre messie, dit le négociant, en riant niaisement. C'est bien lui, il n'y a pas de doute, car tous vos *charmes*, si merveilleux qu'ils soient, n'auraient pu vous sauver des mains de mes huissiers... tenez, voilà vos factures acquittées.

— « Oui, sortons, partons, dit Rachel en m'entraînant. »

Je la fis monter dans ma calèche; Valli prit mon cheval de main, sans s'étonner de me voir une compagne de voyage, sans m'adresser la moindre question.

Je saisis les rênes et mis mon équipage en mouvement.

Je laisse à penser si la foule ouvrait les

yeux. Mes deux chiens nous faisaient faire place avec une vivacité irrésistible : ils faillirent étrangler un récalcitrant, qui les avait touchés de son bâton.

Valli, le visage couvert, aux trois quarts, d'une épaisse barbe blanche, galopait en tête, de front avec les dogues, et mes deux superbes chevaux d'un noir d'ébène nous emmenaient avec la rapidité du vent.

La calèche était découverte pour jouir d'une belle matinée de printemps.

Une femme ordinaire aurait pu croire, à mon équipage, que c'était le diable qui l'enlevait, et d'autant qu'il me sembla que quelques paysans se *signaient*, à notre passage.

Rachel n'était point effrayée.

« Qui es-tu donc ? me dit-elle de nouveau. »

Je sortis de ma poche une de mes cartes

de visites, et je la lui donnai en souriant.

« Je n'en sais pas davantage, me dit-elle. Je ne te connais pas.

— « C'est la première fois que je viens à N***.

— « Et tu m'as prêté vingt mille francs...

— « Je te les ai même donnés, si tu veux.

— « Tu me connaissais donc ?

— « Je ne t'avais jamais vue, et j'avais résolu de te secourir : *je t'avais entendue.*

— « Je te comprends... tu es de ma religion ?

— « Non, Rachel. Je suis chrétien.

— « Oh mon Dieu !... dit-elle avec un accent de douleur infinie.

— « Qu'importe ? Tout être qui souffre est mon frère à moi. C'est la religion de mon cœur ; c'est celle que ma mère m'a enseignée. Je suis plus heureux de t'avoir obligée que toute autre sans doute ; mais j'aurais peut-être couru au secours de toute autre avec le même empressement.

— « Non, non. Ne dis pas cela.

— « Que tu es belle !

— « Ne dis pas cela non plus... tu es chrétien ! Dieu de Jacob, quel malheur ! »

Nous arrivions à N***.

« Qu'elle rue suivrai-je ? me dit Valli.

— « Je n'en sais rien, répondis-je. Allez au premier hôtel que vous rencontrerez, en attendant que j'aye trouvé à me loger convenablement.

— « Prenez à droite, dit Rachel. Tu viens chez moi... oh ! ne me refuse pas.

— « J'accepte de tout mon cœur. Mon

domestique et mes chevaux iront à l'hôtel le plus voisin. »

Les passans ne nous regardaient pas moins qu'à Tailly. « *La Juive* ! » disaient-ils en se désignant Rachel.

Nous descendîmes à la porte d'un magasin fort riche. Deux vieilles femmes étaient au comptoir.

Rachel fit monter mes malles au premier étage dans une chambre très élégante. C'était évidemment la sienne. Je le devinai, à la promptitude qu'elle mit à en emporter quelques effets. Je le lui dis et voulus me refuser à tant de dérangement.

« Oh ! non, me dit-elle encore avec son accent si étrange. C'est ici que tu dois reposer, à ton arrivée à N***, et tu vas dîner avec moi, n'est-ce pas ?

— « Oui, Rachel, et j'en suis bien heureux. »

Elle me quitta pour vaquer à ses affaires ; elle en avait beaucoup.

« Que cet ange là soit juif, il n'en est pas moins beau, me dis-je ; mais la délicatesse ne permet pas de parler d'amour à qui nous doit de l'argent. Essayons de m'occuper d'autre chose.

« Valli, dis-je à mon dragon, envoyez moi le concierge de la cour royale, pour nous guider dans les visites que je veux faire. Je m'habillerai pendant que vous l'irez chercher. Vous vous occuperez plus tard de me trouver un hôtel. »

Le concierge arriva bientôt. Il faisait les grimaces les plus plaisantes du monde en regardant autour de lui.

« Qu'avez-vous donc ? lui dis-je.

— « Je n'étais jamais venu dans cette

maison ; je ne pouvais même m'attendre à y venir.

— « Qu'a donc cette maison d'extraordinaire ?

— « C'est ici chez *la juive*...

— « Eh bien ! qu'à *la juive* d'extraordinaire ?... mais voyons au motif pour lequel je vous ai fait appeler : conduisez moi chez M. de Falon, le premier avocat-général. »

Il m'était solennel de venir ainsi dans une ville, que je ne connaissais nullement, occuper un poste, qui, je le savais, avait été vivement sollicité par des hommes du pays. Ma nomination était incontestablement l'effet de la faveur, et j'étais prévenu qu'elle avait fait crier, au moins autant qu'aucune. Le régime du favoritisme, disait-on, s'annonçait en moi, et j'étais un séide de la restauration. On allait scrutant de toutes parts ma vie passée. Gare qu'on ne découvrit que j'avais chanté l'opéra-comique avec Hélène. La dynastie royale pouvait se perdre en ma personne. Un comédien sous la pourpre magistrale!... *ab uno disce omnes*, aurait-on dit de tous les nouveaux fonctionnaires.

Je savais par mes notes que M. de Falon m'accueillerait parfaitement : Il vint en effet à moi, les bras ouverts, lorsqu'il eut entendu mon nom.

« Ah! monsieur de Luciennes, avec quelle impatience je vous attendais! Vous êtes, vous, de *la vieille roche*, je le sais. Vous m'avez été annoncé par le ministre lui-même... Faites-moi l'honneur de dîner avec moi, en famille.

— « Mille grâces, mon hôtesse m'a invité.

— « Chez qui êtes-vous donc descendu ?

— « Chez mademoiselle Rachel, rue Saint-Jean.

— « Miséricorde ! *chez la Juive !...* et par quel hasard?

— « Je l'ai connue pour des affaires d'argent, de banque. Tout le monde se récrie à son nom. Dites-moi donc, mon honorable collègue, ce qu'elle a de particulier.

— « Sa beauté n'est pas ordinaire.

— « Il est vrai; mais je ne vois pas en cela..

— « Tout le monde en devient amoureux, et elle n'écoute personne : elle a causé des duels, des suicides.

— « Ce sont des malheurs qu'on ne saurait lui reprocher. Elle n'est pas dans l'obligation d'aimer quiconque est épris d'elle.

— « C'est une forcénée Bonapartiste.

— « Ah !

— « L'on ne sait d'où lui viennent les marchandises de son magasin. Cela est plus beau que partout ailleurs, et elle le donne à meilleur compte. Il y a du surnaturel dans son fait. Le bruit se répand cependant qu'elle est ruinée par la baisse des cotons, grâce à son obstination à ne vouloir pas croire à la chute de son héros. Bref, il n'est bruit ici que de cette femme et en assez mauvaise part.

— « *Personnellement*, mon cher collègue, que pouvez-vous préciser contre elle?

— « Je ne sais trop.

— « *Des réputations on ne sait pas pourquoi.* »

« Moi, je lui confierais mon porte-feuille. Je vais faire visite à messieurs de la cour, comme je le dois, et ils me la rendront chez *la Juive*, s'ils tiennent à en recevoir une seconde de ma part. »

Une découverte que j'avais faite contribuait puissamment à me donner de l'aplomb.

J'avais aperçu une affiche de spectacle et j'y avais lu en toutes lettres le nom du cher Dorville, de cet aimable et excellent garçon, dont j'avais eu tant à me louer à Orléans et à Tours.

« J'ai un ami à N*** un ami sûr, me dis-je. Dorville et Rachel ! N*** va m'être un paradis. Si j'y oublie Hélène, à qui la faute? »

J'allai chez Dorville. Il n'en pouvait croire ses yeux et ne se lassait pas de me serrer dans ses bras.

« Voilà le plus beau jour de ma vie, me dit-il. Vous ne m'avez pas écrit depuis Dresde, mon cher Charles, et je tremblais que vous n'eussiez péri dans nos désastres d'Allemagne ou de France. »

Il me fallut lui conter mes dernières aventures. Il ne se récriait pas moins qu'autrefois à Tours, et ses exclamations redoublèrent quand il apprit que j'étais chez Rachel.

«D'honneur! mon ami, me dit-il, il n'y a que vous à en agir ainsi... Rappelez-vous les sorcières de Médée, Macbéth et tant d'autres. Rachel est de même nature absolument, si elle n'est plus sorcière encore et je suis étonné que le bon peuple de N***, qui n'est pas mal bête et fanatique, n'ait pas déjà mis le feu chez elle.

— « Dites-moi donc sérieusement ce qu'elle est, en bien ou en mal. Je n'ai vu, moi, qu'un ange de beauté.

— « Dites aussi un démon d'esprit et il y a à gager que nous serons dans le vrai. Tous les hommes en sont épris, ce qui n'a rien d'étonnant; ils vont acheter chez elle, parce qu'ils désirent la voir; elle reçoit une quantité prodigieuse de billets doux, auxquels elle ne répond pas, parce qu'elle n'a pas encore rencontré l'homme qui lui convient, et je l'en approuve fort; on la trouve extraordinaire, parce qu'elle a, dit-on, fait machiner sa maison mieux qu'un théâtre, sans doute afin de se défendre, au besoin, contre les galans et la canaille, ce en quoi je l'approuve encore... Voilà ce que j'en sais. Je ne l'ai vue que fort peu, afin ne n'en pas être *ensorcelé* moi-même; mais elle vient au spectacle, et cela m'en donne bonne opinion ; elle marche accompagnée de deux sœurs, espèces de sibilles, qui habitent avec elle, et je le conçois, on ne saurait tenter de l'enlever, défendue par de pareilles mégères... Telle est Rachel. Peut-être pourrez-vous m'en apprendre davantage. Ce serait une conquête, qui ne vous ferait pas moins d'honneur que mademoiselle de Marilly, et la belle juive n'est pas moins fière que votre Fernande. C'est de l'aristocratie hébraïque : Au fait, si elle descend d'Abraham , sa famille est bien aussi ancienne que celle de la jolie comtesse.

— « Rachel est digne et non pas fière :
Nous nous tutoyons ; mais je n'espère pas
m'en faire aimer. Je l'ai déjà aperçu : il y a
entre elle et moi une question de religion.

— « Vous abjurerez. Henry IV a dit que
Paris valait bien une messe. Pour vous, qui
n'êtes pas roi et ne sauriez avoir envie de le
devenir, Rachel vaut mieux que Paris : vous
abjurerez, je le répète.

— « J'oubliais de vous dire que je viens ici
avocat général à la cour.

— « C'est le fait d'un houzard de loger chez
la juive.

— « Quoi qu'il en soit, je quitte l'épée pour
la robe.

— « Savez-vous qu'il est flatteur pour la
gent comi-lyrique de voir un premier ténor
arriver ainsi aux honneurs.

— « N'en dites rien toutefois, si vous pouvez.

— « L'amitié et la reconnaissance vous assurent ma discrétion. A la honte du siècle, avoir chanté l'opéra, avec un talent et un succès prodigieux, n'est pas encore un titre à l'avancement dans la magistrature, et dès lors, nous ne parlerons qu'entre nous de nos caravanes dramatiques. Vous reconnaîtrez, ce soir même, votre garde-robe, mon cher Charles; elle m'est un souvenir incessant de mes obligations envers vous.

— « Vous jouez, ce soir, *Jean de Paris*. C'est un rôle charmant. Que vous êtes heureux ! Je deviendrais garde des sceaux que je dirais encore que le temps où j'étais au théâtre, aimé d'Hélène ou de Fernande, a été le plus beau de ma vie.

— « Bravo! j'aime à vous entendre parler ainsi. Vous êtes juste : vous appréciez les arts et vous estimez les artistes.

— « Venez me voir chez Rachel, demain au matin. »

J'avais encore une visite d'amitié à faire à N***. Le préfet du département était mon condisciple. Souvestre m'avait disputé plus d'un prix à Sorrèze. Je ne l'avais pas vu depuis dix ans.

« Je te croyais militaire, me dit-il.

— « Je l'étais encore il y a un mois : j'ai déposé l'épée et quitté la partie en même temps que l'empereur. Me voilà homme de robe. Tu comprends que j'étais avocat. J'ai fait mon droit entre les campagnes d'Eylau et de Saxe.

— « Tu ne portais pas ce nom de Luciennes à Sorrèze.

— « C'est un nom de terre qu'on s'est

avisé d'ajouter au mien, sans m'en demander l'autorisation, je t'assure.

— « Cela est assez à propos dans ce temps-ci, et je voudrais bien pouvoir t'imiter. On me sait malheureusement tout-à-fait plébéien à N***, et je tremble qu'on ne s'y rappelle aussi mon zèle pour envoyer au grand homme de la chair à canon. Il en faisait une énorme consommation, et les pauvres préfets en avaient tout l'odieux... Je crains d'être obligé de plier bagage. Déjà les meneurs me regardent de travers ou ne me regardent pas du tout, et quelques énergumènes semblent me menacer : j'en suis à ne plus oser me montrer au spectacle.

— « Je t'y accompagnerai quand tu voudras : à l'égard de ces gens-ci, ma *pureté* dinastique et légitimiste te *protégera* contre tes précédens impérialistes, et j'ai à Paris un patron tout puissant qui t'adoptera sur un mot de moi.

— « J'accepte, mon ami ; j'ai pris goût, vois-tu, à l'administration. C'est une carrière fort agréable, en ce que l'on y nage en pleine eau, et je désire la continuer,.... J'ai aussi un appui dans un de nos amis communs, Senneville. Il est grand-vicaire ici, et fort en crédit auprès de notre aristocratie : c'est un homme d'un mérite supérieur, et qui ne peut manquer d'être appelé aux plus hautes dignités ecclésiastiques.

— « J'ai eu particulièrement à me louer de lui à Sorrèze, et je le verrai avec grand plaisir : il est plus âgé que nous, et je ne m'étonne pas de l'état qu'il a choisi. Il était grave, pieux, mais d'une bonté parfaite. Au revoir, mon cher. »

CHAPITRE XXIX.

« Que ton cœur m'appartienne,
« Que l'amour nous enchaîne.
« Ou juive, ou bien chrétienne,
« Ton sort sera le mien. »

(M. Scribe, la Juive, opéra.)

J'avais hâte de revoir Rachel. Je lui savais gré de son goût pour le spectacle, et je lui offris de l'y conduire le soir même : elle y consentit.

Remise des émotions du matin, et couverte

de dentelles et de fleurs, elle était belle comme une Madone.

« Tu m'as tutoyé la première, lui dis-je mais dois-je continuer à te tutoyer moi-même ainsi que j'ai fait par entraînement? Il me semble que je jure en le faisant. Je serais plus à l'aise en ne te parlant qu'à genoux : les vierges de nos temples sont moins dignes que toi de nos hommages.

Tutoie-moi : il est désormais impossible que nous nous parlions la langue des indifférens..... Tu oses donc me conduire au spectacle?

— « Comment, si j'ose! c'est une grâce que je te demande.

— « Tu dois cependant avoir entendu parler de moi.

— « Oui; il n'est bruit à N*** que de *tes*

charmes... Eh bien, j'y suis pris : le mal est fait, je n'ai plus rien à risquer.

— « Tu dois trembler d'avoir accepté de loger chez moi : vois, rien n'annonce le dîner auquel je t'ai convié. Je vais te traiter à la manière plus que frugale des Hébreux ; gare le plat de lentilles.

— « Cela n'est pas bon ; j'en ai essayé en Pologne.

— « Ah ! tu as connu mes religionnaires de ce pays-là ?

— « Ils ne te ressemblent en rien.

— « Cela tient à la misère, à l'esclavage, à l'oppression où ils languissent.

— « Ils ne te ressemblent en rien, te dis-je.

— « N'en parle pas mal. Tu as donc été militaire ! tu as servi notre glorieux empereur, le grand Napoléon ?

— « Oui.

— « Je vois, en effet, une cicatrice à ton front : laisse-la-moi baiser.

— « Rachel, tu me rendras fou.

— « Tu connais notre haine atroce pour les chrétiens. Tu as lu Shylock, de Shakespeare?... Je veux te faire mourir.

— « Non, Rachel; ton baiser est d'amour... tu m'aimes...

— « Non, non, dit-elle en fondant en larmes... n'es-tu pas chrétien?

— « Je t'aime, moi; je m'étais juré de te le taire, mais ton baiser me brule : pardonne-moi.

— «Tais-toi, ami; il faut tenir ses sermens, quoi qu'il en coûte. Je t'en donnerai l'exemple... Et puis, tu ne me connais pas; tu m'as ouvert ta bourse en étourdi. Toute la ville a dû te le dire : *je suis ruinée.*

— « Prends mon portefeuille, il contient encore soixante mille francs.

— Je n'en ai pas besoin.. ne m'aime pas, je t'en prie. Ta religion doit te le défendre, et la foi où l'on est né est tout ce qu'il y a de plus sacré. Si tu avais entendu les recommantations de mon père mourant ! Le sublime vieillard ! avec quel saint et chaste amour il m'avait élevée !... Et puis, j'ai le fanatisme de ma nation : si j'ai accepté ton prêt ce matin, c'est que je t'ai cru, comme moi, *du peuple de Dieu.*

— « Non, Rachel : tu as accepté, parce que mes prières t'ont touchée, de même que ta voix seule m'avait appelé à toi.

— « Il ne faut pas dire cela, il ne faut pas même le penser. Voilà le portrait de mon père. Son visage me semble menaçant... Ami, songes-y : tu m'as parlé de ta mère : elle te maudirait, si tu aimais une juive. Tu ne sais pas combien ma vie est solennelle. Tu verras ce soir, tous ces oiseaux de deuil, qui quittent ces vieilles tours, là derrière ma galerie, pour venir me faire entendre de plus près leurs chants de mort.

— « Je les tuerai. Ma Rachel, tu ne dois entendre que des accens d'amour et je ne saurais t'exprimer tout ce que tu m'en inspires.

— « Ami, écoute : Je puis mourir pour toi, mais je ne puis être à toi. Prends ma vie, si tu veux. »

Elle ajouta en souriant :

« Je vais t'effrayer pour te rendre à la raison. Je n'oublie pas aussi que je t'ai invité à dîner. Tiens : voilà *mes enchantemens qui commencent.* »

Elle pressa un bouton, un ressort, et une

petite table, couverte très élégamment, sortit de la cloison.

« C'est un mécanisme fort ingénieux, lui dis-je.

— « J'ai voulu t'éviter l'aspect de mes deux suivantes : elles t'auraient empêché de dîner. Elles n'entreront jamais chez toi. Seule, je te servirai. Toutefois ces deux vieilles femmes m'ont épargné mille maux ; elles me défendraient, au besoin ; elles sont aussi bonnes et dévouées que leur ensemble peut sembler bizarre... Les chrétiens sont si frivoles, si faciles aux préventions !

— « Tu nous méprises souverainement, n'est-ce pas ?

— « La haine, le mépris ou l'amour sont l'histoire du cœur humain : Il n'éprouve que fort peu d'autres sentimens. Je ne te hais, ni ne te méprise, toi.

— « Mon Dieu ! que dis-tu !

— « Dîne donc tranquillement. tu dois désirer me connaître. Je vais te dire mon histoire en quelques mots :

« Je suis née à Francfort sur le Mein, il y a vingt-quatre ans. Tu sais peut-être dans quel état d'humiliation les stupides bourgeois de cette prétendue ville libre tiennent mes religionnaires. Il y a quelques années, la seule rue, où il nous fut permis d'habiter, était encore close de portes à ses extrémités, et l'on nous y enfermait chaque soir, comme des bêtes féroces.

« Dans mon enfance un incendie éclata chez un de nos parens, pendant la nuit. Nous ne pouvions ni fuir, ni obtenir aucun secours, et l'on resta *plusieurs heures* sans nous ouvrir les portes… Il en résulta d'affreux malheurs. Ma mère périt dans cette catastrophe.

« Notre haine pour les chrétiens t'étonne-t-elle encore?.. Je ne te cite là qu'un fait...

« Mon père, navré de douleur, perdit aussi, dans cette nuit fatale, la moitié de sa fortune.

« Tu le concevras : l'opprimé se venge et tous moyens lui semblent légitimes. Le fameux bandit Schinderhannes était alors la terreur des provinces Rhénannes et du Palatinat. Il avait de nombreux affiliés, des partisans dévoués parmi nous ; mes parens entraînèrent mon père, et l'auteur de mes jours fut blessé mortellement dans une rencontre avec la gendarmerie de Mayence. Il s'échapa cependant et revint mourir dans mes bras !

« Ces deux fidèles servantes, que ce vil peuple de N*** déteste et redoute a un point absurde, protégèrent ma faiblesse et réalisèrent les débris de ma fortune. Obéissant au dernier vœu de mon père, nous quittames

Francfort, et je vins en France, où Napoléon nous protégeait et voulait qu'on nous traitat comme les autres citoyens; les beaux sites des environs de N*** me frappèrent; je crus pouvoir vivre paisible dans ces murs; j'avais encore soixante mille francs, j'achetai cette maison. Ma nation a, tu le sais, le génie ou l'esprit du commerce : je créai ce magasin, que tu as aperçu; par mes relations avec mes religionnaires d'Allemagne, je fis des affaires immenses, et la crise commerciale, causée par la chûte du gouvernement impérial, ne m'aurait que peu atteinte, si les plus riches maisons de la ville n'avaient pas la bassesse de faire mémoire chez moi pour des sommes considérables et de ne me payer qu'à toute extrémité et en contractant de nouveaux crédits. En pressant le recouvrement de ce qui m'est dû, j'éloignerais ceux qui font valoir ma maison, et je n'ose ainsi réclamer

pour mes besoins les plus pressans ; il m'est
dû cent mille francs, et je n'en pouvais payer
vingt-mille, ce matin.

« Je n'avais pas d'idée de ce genre de
malheur, de cet affreux besoin d'argent ; il
m'a fait perdre la raison. Je pouvais engager, vendre cette maison : la pensée ne m'en
est pas même venue. Je n'ai vu rien de
mieux que d'aller trouver ce fabricant, que
je devais faire payer aujourd'hui a la foire
de Tailly. Il connait ma position ; je lui ai
fait gagner plus de trois cents mille francs :
je ne mettais pas en doute qu'il ne m'accor-
dat un délai. « Non, *la juive*, m'a-t-il dit,
vous savez bien que nous ne nous devons
rien ; adressez-vous ailleurs. »

« Je ne pouvais en croire ce que j'entendais. Je me voyais perdue, déshonorée. Je
me suis abaissée jusqu'à supplier *un chré-*

tien... J'étais à ses pieds et il me repoussait, lorsque tu es venu à moi et m'as offert à genoux, ce que cet homme refusait à mes larmes.

« Tu n'es pas de ce pays, toi, ami. Tu ne hais pas *la juive*; tu voulais, dans l'instant, lui donner une fortune, et ce n'est pas pour l'acheter, car tu parles d'amour, et je vois que tu m'aimes en effet. Si je suis, moi, l'objet de tant de haines, c'est que je n'ai pu manquer de repousser avec l'indignation du mépris les instances de ces infâmes, de ces *beaux-fils*, qui prétendaient que je devais me prostituer à eux, parce qu'ils me désiraient. Les misérables ! ils en ont eu toute la honte, et force leur a été de reculer devant de faibles femmes. S'ils se sont égorgés entre eux, s'ils se sont, comme on dit, donné la mort à cause de moi, que m'importe ? quels

Tome II. 7.

rapports, quels intérêts pouvait-il y avoir entre nous ?

« Tu connais maintenant la fille du bandit. »

Nous allâmes au spectacle. Il y avait beaucoup de monde ; tons les regards se fixèrent sur nous.

« Comme tout *ce peuple* me regarde ! dit Rachel. Que cela est fatigant ! ces gens-là n'ont donc rien vn !

— « Rien d'aussi beau, lui dis-je. Cette attention ne doit pas t'offenser ; mille femmes en voudraient être l'objet. Je suis fier de t'accompagner.

— « Vrai ?

— « Hélas ! beaucoup trop.

— « Jamais trop. Aime moi, en définitive, si tu ne crains pas de fâcher ton Dieu ; mais..

— « Mais... achève d'exprimer ta pensée.

— « Cet acteur me plait, dit-elle en désignant Dorville, pour détourner la conversation. Ses manières sont aimables, pleines de grâce et de noblesse.

— « C'est mon ami; et, chez lui, l'homme vaut mieux encore que l'artiste. Il ne parle pas mal de toi, lui ; il approuve ta manière d'être. Il viendra demain au matin, me voir chez toi.

— « Il te faudra lui donner à déjeûner. »

Avant de le congédier, à la porte de Rachel, je demandai à Valli si j'avais provision de poudre et de plomb pour une chasse aux effraies, que j'allais faire, à la satisfaction infinie sans doute du voisinage.

« Oui, monsieur, me dit-il, la boite en fer

est pleine de vos munitions. Voulez-vous que j'aille tout préparer ?

— « Non, merci. Les fusils sont en parfait état : j'y ai regardé. »

La porte se referma d'elle-même derrière moi. Deux bougies étaient allumées dans ma chambre. Rachel avait disparu et était rentrée pendant que je parlais à Valli.

Effraies, chouans, chouettes et autres oiseaux funèbres faisaient un concert infernal. Je les voyais perchés de toutes parts sur les vieilles tours de l'église Saint-Macaire et sur les toits des mazures qui se trouvaient entre ces tours et les derrières de la maison de Rachel. De la galerie sur laquelle ma chambre avait issue, je visais mon gibier avec grande facilité. C'était une chasse à la manière des *tueries* de faisans de Charles X à Rambouillet.

Voyons si j'imposerai silence à ces messagers de mort. « Charge à volonté ! Que personne ne s'effraie, dis-je bien haut, afin d'être entendu de Rachel et de ses deux fidèles gardes du corps. »

Je visais si bien, si à l'aise, que j'abattais parfois deux pièces d'un coup ; et les cris continuaient avec un accent différent, mais non moins lugubre : l'ennemi ne prenait pas la fuite.

Peu à peu le nombre des chanteurs diminue, et, la quinzième charge de mes deux fusils doubles épuisée, je n'entendis et ne vis plus rien.

« Victoire, m'écriai-je, le champ de bataille est à moi. »

La nuit était superbe ; la lune répandait une clarté égale au jour. Je n'étais nullement disposé au sommeil ; ma solitude me pesait.

Rachel avait laissé sa harpe dans ma chambre, et j'avais beaucoup travaillé cet instrument avant de retourner à l'armée et à Dresde même : Hélène me l'avait enseigné..... Hélène !...

Je chantai mes plus belles romances, en m'accompagnant de la harpe. J'étais en verve, en voix; je chantais d'âme, comme au jour où je jouai *Azor* devant Fernande, à Tours.

J'y pris tant de plaisir que je risquai les plus beaux airs de *la Flûte enchantée*, de *don Juan* de Mozart, de *l'Orphée* de Gluck.

« Ami, je te demande grâce, au nom de ton Dieu, si tu l'exiges, au nom du mien, que tu me feras blasphémer, me dit la voix suppliante de Rachel, avec l'accent irrésistible qui m'avait fasciné le matin.

— « Ma bien-aimée... dis-je en me retournant, et croyant trouver Rachel derrière moi. »

J'étais seul.

La maison était réellement *machinée*. Il était toutefois évident qu'il n'y avait qu'une cloison entre Rachel et moi. Une seule cloison!... Je soupirai de manière à être entendu de l'autre côté.

Ce fut Dorville qui me réveilla à plus de neuf heures du matin.

« Eh bien, mon ami, me dit-il, lequel des deux a abjuré? L'essentiel est que vous ayez impunément passé une nuit sous ce toit diabolique : je craignais pour vous le sort de ce bon monsieur Holopherne,

« Si méchamment mis à mort par Judith. »

— « Hier, en rentrant, après soixante coups de fusil tirés sur les effraies, j'ai chanté pendant une heure.

— « Cela a dû l'attendrir.

— « Non ; il y a entre nous, en outre de la question religieuse, une *différence*, comme on dit dans le commerce, de vingt mille francs.

— « Diable ! c'est un peu cher.

— « Vous ne me comprenez pas. »

Je pressai le ressort de la cloison, comme j'avais vu faire la veille à Rachel, et notre déjeûner fut servi.

« Vous êtes déjà au courant des usages de la maison, et cela est de bon augure, me dit Dorville.

— « Placez-vous là et déjeûnez. Rachel me dit hier de vous inviter ; vous lui plaisez.

— « Je suis perdu ! quelle fatalité ! Moi qui suis fidèle à Florestine depuis près de cinq ans, je vais extravaguer à votre instar.

— « Déjeûnez en attendant.

— « Puis-je manger sans crainte? ces côtelettes ne seraient-elles pas de la chair de chrétien? »

Rachel entra, me baisa au front, et s'assit près de moi, après avoir salué Dorville avec une grâce charmante.

« Eh bien, continuez donc, mon ami, dis-je à Dorville.

— « Je ne saurais, répondit-il. »

L'heure me pressait; on m'attendait au palais pour mon installation, et j'avais reçu une invitation de dîner chez Souvestre.

« A ce soir, dis-je à Rachel : sois-en sûre, je rentrerai, je reviendrai près de toi le plus tôt qu'il me sera possible; rien ne pourra me retenir.

— « Oh! oui, n'est-il pas vrai? «

J'emmenai Dorville, qui semblait cloué au plancher, et hors d'état de dire un mot.

Je passai tout le jour dans une impatience extrême, obligé de m'occuper de mon état, de parler, de répondre à nombre de gens, et absorbé cependant dans une pensée unique : Rachel, toujours Rachel!.... O Hélène! pourquoi avais-tu refusé de m'accompagner à N***! Quelle douleur cuisante tu pouvais m'épargner!

Souvestre vint assister à mon installation avec un ecclésiastique, que je reconnus pour Senneville, et qui m'embrassa avec la cordialité d'une amitié d'enfance.

« Je suis honteux de m'être laissé prévenir, lui dis-je. Combien je te sais gré de ta démarche obligeante! Quel plaisir je me promets à causer avec toi de nos belles années de Sorrèze!

— « Souvestre m'a appris, ce matin, ta nomination et ton arrivée ici. Je suis accouru, mon bon Charles, pour te revoir quelques heures plus tôt. Nous nous retrouvons après dix ans, et c'est toi qui viens dans ma patrie : le doigt de Dieu se montre ici comme dans tout ce qui nous arrive d'heureux.

« J'ai su que tu avais été blessé à l'armée, et que tu avais ensuite fait ton droit. Moi, mon ami, j'ai suivi la carrière pacifique par excellence : je prêche l'union aux hommes, au risque de prêcher souvent dans le désert.

— « Ta mission est la plus belle du monde, et j'en conçois la sainteté ; je sais aussi que le ministre est digne de son Dieu. »

Le cher préfet me prit à part et me dit à l'oreille :

« Je n'ai pas osé donner ton adresse à Senneville chez *la juive* ; j'ai préféré l'amener ici. Notre ami aurait peut-être cru devoir l'exorciser avant de te donner l'accolade. La soutane, vois-tu, n'est pas tolérante dans ces départemens; et qu'aurait dit le grand vicaire si je lui avais fait part du rapport de police que je reçois chaque matin! Tu es inculpé de tapage nocturne pour avoir guerroyé contre les hiboux des vieilles tours de Saint-Macaire, et tu serais impitoyablement poursuivi, civilement au moins, par les gens dont tu as troublé le sommeil, si tu n'avais chanté ensuite des romances à attendrir les rochers... Tout cela fait que ma femme brûle de te connaître et t'attend avec impatience à dîner. »

Il sortit avec Senneville.

Avec de pareils amis, il m'était facile de m'acclimater à N***, d'autant que, dès ce premier jour, j'éprouvai que mon état me convenait tout à fait. Mes opinions judiciaires étaient bien complètement spontanées, et le mauvais vouloir de quelques membres de la cour ne pouvait manquer d'échouer contre mon inoffensivité. Nul ne put trouver le moindre prétexte à me faire querelle, et l'esprit de parti lui-même se trouva désarmé.

Le soir, Rachel m'attendait à la porte de son magasin.

« Viens, me dit-elle. Sortons, allons nous promener aux boulevards. J'ai besoin d'air, j'étouffe en ton absence. Je crains de ne pas te revoir... Allons bien loin. Les hiboux et leur compagnie se taisent autour de ma demeure. Tu as détruit les présages sinistres qui ne me quittaient pas... Je me plais mieux ainsi à pied, à ton bras, que dans ta voiture : les domestiques peuvent entendre. Ici, il n'y a que le ciel et nous... écoute : Il est évident que je t'aime.

— « Ma Rachel !

— « Mais ma religion est une barrière insurmontable entre nous deux... J'y ai beaucoup pensé : Je me fais chrétienne.

— « Est-il possible ?

— « Toute fois, tu le concevras : Je ne suis pas une machine, il me faut une conviction consciencieuse de la supériorité de ta religion sur la mienne, et c'est à toi de me la donner. A ton égard, Charles, *je croirai* facilement. A toi les honneurs de mon abjuration. Je t'écoute... Tu te tais, tu m'as cependant parlé *de la religion que ta mère t'a enseignée.*

— « Oui, ma bien-aimée; mais si religieusement que j'aye été élevé, ma raison n'a pû manquer de réfléchir sur les dogmes qu'on donne aux enfans comme absolus et qu'ils adoptent pour tels, en les comprenant plus ou moins, et la réflexion produit nécessaire-

ment sur ce sujet une extrême tolérance...
j'en suis venu a ce point, et, tout en professant amour et respect pour la religion de ma mère, je ne saurais prétendre te l'imposer comme préférable à la tienne. Abjurer ses croyances est un acte trop important pour que je t'y excite jamais : Je craindrais tes remords ou tes regrets.

— « Pourquoi donc m'aimes-tu et me parles-tu de ton amour? Pourquoi surtout m'as-tu *forcée* à t'aimer?

— « Demande à ces astres éclatans pourquoi ils suivent leurs cours... Je t'aime, parce que tu es belle comme le rêve fantastique que l'homme se crée à vingt ans; parce que ta voix a pour moi le charme de la plus délicieuse mélodie; parce que, j'oserai te le dire, une certaine étrangeté de manières, une sauvagerie particulière te donnent, s'il se peut, des attraits de plus; parce que je suis justement fier d'avoir triomphé de ta haine si folle pour les chrétiens... Voilà pourquoi je suis tombé à tes pieds en te voyant pour la première fois; voilà pourquoi je t'aime encore bien davantage depuis que tu m'es mieux connue. Que m'importent tes croyances? Juive ou musulmane, en es-tu moins belle, moins pure, moins enthousiaste, moins passionnée?... Je ne combattrai jamais tes principes religieux, quels qu'ils soient; si tu t'attaques aux miens, je les défendrai sans aigreur et sans colère. C'est à ton cœur seul que je m'adresse, c'est lui seul que je veux toucher; s'il te porte également vers moi, pourquoi te révolterais-tu contre ton amour?

— « Ma religion *ne me permet pas* d'aimer un chrétien.

— « Si tu l'aimes toutefois..

— « Je ne le dois pas... Je regrette ta tolérance, si ce n'est ton indifférence, sur ce sujet si grave. C'est la condamnation de ce que vous appelez *votre foi*, vous autres chrétiens, car on doit être plus pénétré de ce qu'on regarde comme l'évidence.

— « Ma Rachel, je ne suis fanatique que d'amour pour toi.

— « Oui, c'est ton refrain, et j'envie ton bonheur d'être ainsi dominé par un seul sentiment. La lutte, qui se passe en moi, au contraire, est terrible, affreuse, au-dessus de mes forces. Ah! que ne suis-je chrétienne, puisque ta religion admet cette tiédeur de croyances, qui laisse toute latitude aux passions.

« Si tu ne sais pas remonter jusqu'au, sources de la vérité, ou si tu es incapable de t'occuper de ces grandes questions vitales

les premières et les seules vraiment importantes, eh bien, trouve-moi un docteur de ta loi. Pour toi, je l'écouterai avec le désir qu'il me convainque. Vois si je t'aime, Charles !

— « Ma Rachel, ne parle donc que d'amour.

— « Je le vois, reprit-elle gaiement, tu n'espères pas rencontrer un docteur plus habile que toi sur *l'incontestable supériorité*, proclamée avec tant d'orgueil cependant, de dogmes chrétiens. *Hors l'église point de salut*, dites-vous... Ouvrez donc votre église, à qui vous y demande asile. Non : votre Dieu est un Dieu jaloux. Quoique vous en disiez, il n'accueille pas qui vient à lui. Au fait, il est plus facile de persécuter ou d'exterminer les juifs, que de les convertir par la seule autorité de la raison.

— « Je voudrais avoir ici ta harpe. Nouveau David, je calmerais la fureur de la fille de Saül.

— «Oui, plaisante de tout ce qu'il y a de plus sérieux au monde. C'est bien là le caractère de ta nation, et tu es Français plus qu'aucun.

— « Toi, tu es belle, plus que ce ciel si bleu, si étoilé... Ma Rachel, cesse de raisonner l'amour.

— « Il ne supporte donc pas le raisonnement ?... Ami, rentrons, et fais en sorte de trouver un prêtre, qui me convertisse à ta foi. Tu y es intéressé toi-même, si intérêt il y a : les chrétiennes sont passionnées sans restriction.

— « J'ai ici un ami, digne et honorable ecclésiastique, à qui je parlerai de toi; mais je je le crois trop raisonnable pour entreprendre de te faire changer de croyances.

— « Les chrétiens ne sont pas braves. Vos martyrs seuls des premiers siècles valaient quelque chose. Leur sang a épuisé vos forces :

vous venez de laisser abattre votre empereur.

— « Oh! pour ceci, je n'ai rien à me reprocher : il y a un mois, je me battais encore, à peine convalescent.

— « C'est que toi, mon Charles, tu as au moins du patriotisme, si tu n'as une foi bien ferme... Je t'adore, tel quel, ajouta-t-elle, en me pressant dans ses bras ; puis, me repoussant, avec un cri de désespoir : Ah! que je suis malheureuse! »

On n'est pas dutout disposé à dormir après une scène semblable. Rachel me le fit éprouver bien des fois, et, quand après une heure, je sommeillais de fatigue, elle ouvrait le damné guichet, donnant de sa chambre sur la mienne et dont je ne pus jamais découvrir le ressort, et me disait :

« Dors-tu bien, Charles, dans mon beau lit? Y rêves-tu de Rachel, de Rachel qui t'aime de toute son âme, de toutes les forces d'un cœur tout à toi?

— « Ma Rachel, si tu m'aimes réellement.

— « Tu en doutes, méchant!... Bon soir, mon ami.

— « Que le diable t'...

— « Que les chrétiens sont mal appris! Ils ne possèdent pas mieux la civilité que leur religion. »

Et elle se mettait à rire aux éclats.

CHAPITRE XXX.

« Charme de l'amour! Qui vous éprouva ne saura vous décrire. »
(BENJAMIN CONSTANT.)

Rachel remit dans mon portefeuille, sans m'en rien dire, les vingt mille francs que je lui avais prêtés. Ses riches débiteurs s'étaient acquittés, au moins en partie.

Elle prenait chaque jour plus d'ascendant

sur moi, et me dominait, sans que je cherchasse le moins du monde à me défendre. Elle se prétendait grande physionomiste, et jurait me connaître jusqu'au fond du cœur.

« Je t'ai bien étudié, me disait-elle, et je pourrais te dire ta *bonne aventure* ne plus ne moins que si j'étais aussi sorcière que le prétend le peuple de N***. Tu croiras facilement que je ne veux pas te dire d'injures toutefois : tu es fait pour vivre terre à terre, bourgeoisement, au coin du feu ; tu sembles protester incessamment contre une certaine fatalité qui t'entraine hors de la route commune ; les lignes de ton visage, de tes mains, ne *devient* que contraintes et forcées ; *tu sei un' buon figliuolo*, comme disent les Italiens. Ton Corse a mille fois plus de caractère que toi ; il t'est exclusivement dévoué, et sa fermeté, son zèle, sa perspicacité seront en garde contre ton merveilleux laisser-aller. Ce sera peut-être un malheur pour toi, en ce que cela retardera le dénouement de ta vie, ce dénouement dont tu es avide, après lequel tu cours.... Oh! cela est prodigieux! vois ce *croisement* de lignes si compliqué, à ta main droite. Quel heureux naturel! Tu n'es pas homme à regretter le passé, moins encore à t'absorber longtemps dans la douleur : après quelques légères traverses, tu vivras et mourras en paix.

— « C'est l'histoire de tout le monde, et tu n'es pas plus *sorcière* que moi. Du reste, le joug me plait à ton égard. Je me soumets, je te laisserai faire : je m'efforcerai même de réaliser tes prédictions ou prévisions pour t'être agréable. »

Elle eut d'autant plus sujet de rire de la tiédeur de la foi des chrétiens, lorsque Senneville eut refusé à mes instances d'entreprendre de l'instruire dans notre religion.

Il éprouvait une répugnance invincible, me dit-il, à jouer le rôle de convertisseur. Sans doute il manquait par là à ses devoirs : aussi se reprochait-il sa faiblesse ; mais cela était au-dessus de ses forces.

« *La juive* n'est pas une femme comme une autre, ajoutait-il. »

Je lui contai dans toute leur vérité mes relations avec Rachel : il nommait le charme qu'elle exerçait sur moi une fascination.

C'était tout simplement l'empire de l'esprit et dela beauté.

Senneville n'avait que trente ans : notre amitié de collége le rendait, pour moi, la bonté, la tolérance même.

J'avais pris un gîte officiel pour mon cabinet, mes réceptions. Senneville accepta d'y dîner avec la belle juive.

Rachel en était enchantée, dans l'espoir que *le docteur de ma loi* entrerait en discussion avec elle et seconderait sa bonne volonté de devenir chrétienne.

Elle mit ses plus beaux, ses plus classiques atours pour cette solennité : il fallait la prendre pour un ange ou pour un démon.

Je ne sais ce qu'elle parut à Senneville; mais il ne put dire un mot pendant le dîner, et à peine pouvait-il articuler un madam... qu'il n'achevait pas, lorsqu'elle s'efforçait de le mettre sur la voie de la convertir. Il finit par prendre la fuite comme un poltron, oubliant presque son chapeau.

Je m'étais possédé jusque-là par égard pour mon ami : après sa sortie, je me mis à rire de tout mon cœur.

Rachel avait trop d'esprit pour ne pas rire aussi du côté plaisant des choses. La mine effarée de Senneville, à sa sortie, était d'autant plus singulière, en raison de la gravité de son habit.

Rachel n'y put tenir elle-même.

Dorville entra dans le moment, et me crut en proie au démon, d'autant que Rachel, dans ses élans passionnés, me prenait la tête et me couvrait de baisers, au risque de me faire damner en effet.

« Excusez-moi, me dit Dorville : j'arrive mal à propos.

— « Au contraire, repris-je ; vous êtes d'autant mieux venu que vous pouvez me rendre un service essentiel. Je crois me souvenir que vous m'avez dit autrefois avoir étudié pour entrer dans les ordres : vous étiez même des plus forts du séminaire lorsque tout à coup la vocation vous fit faute.

— « Oui ; c'est à peu près mon histoire.

— « Vous ne pouvez manquer de vous rappeler les points principaux de votre science première. Voilà Rachel bien disposée à adopter notre religion : pérorez-la ; j'appuierai, au besoin, votre éloquence. Senneville ne s'est pas senti le courage nécessaire pour cette entreprise ; il vient de s'échapper comme un fou... Nous sommes convenus, vous et moi, à Tours, de la supériorité des artistes sur les neuf dixièmes des hommes : prouvez la vôtre sur un grand-vicaire, l'oracle de ce diocèse. Je vous devrai le bonheur des anges, et je ne sais quel prix y mettre.

— « Oui, dit Rachel en le fixant de toute la force de son regard : parlez, Monsieur, je vous écoute.

— « Au revoir, dit Dorville ; je reviendrai dans un autre moment. »

Et il sortit, lui aussi.

Je laisse à penser si rires et caresses recommencèrent.

« Tu es adorable, me dit Rachel : seul, tu n'as pas peur de moi.

— « Tu n'en es pas moins tout ce qu'il y a de plus diabolique. »

J'avais acheté près de la ville une jolie petite maison de campagne avec un charmant jardin, que j'avais nommé le Mazzolino (bouquet) en raison de l'immence quantité de fleurs qu'il contenait. Rachel avait tout arrangé à sa manière et nous y allions souvent.

C'était, disait-elle, avec délices, avec un bonheur toujours nouveau qu'elle s'élançait dans ma calèche pour quitter N***. Elle ne manquait jamais, en s'asseyant près de moi, de me nommer son *aimé*, son trésor. En arrivant dans notre jardin, elle sautait avec une joie d'enfant et prodiguait les caresses et les baisers aux plantes, aux fleurs, aux beaux buissons de chevrefeuille. Il nous arriva plus d'une fois de nous y oublier des nuits entières.

«Ami, me disait-elle, je n'existe réellement que du jour où je t'ai rencontré. Je te le jure par mon Dieu, j'étais venue à vingt-quatre ans sans savoir ce que c'était qu'aimer, sans m'en douter même. Je n'avais jamais voulu lire quelques lignes de ces billets galans que m'adressaient ces *hommes* de N***. Je les déchirais, indignée, dès que je reconnaissais ce qu'on m'écrivait. Je rêvais bien un peu d'amour; mais je n'espérais pas rencontrer ma chimère. C'était un amant grave, sérieux, sévère même qui devait venir à moi, parceque le peuple de Dieu n'a rien de la frivolité du tien.., Je t'ai vu et je n'ai pu en croire mes yeux. Ce n'est pas celui que j'attendais, me disais-je, et je te regardais encore; puis le charme agissait, et je t'aimais déjà lorsque tu me sortais de cette chambre d'auberge où tu m'avais vue suppliante. Que de bonheur je te dois, mon Charles. Que ces jours passés avec soi me semblent courts. Je puis mourir à présent, car je n'attends pas, je ne veux pas d'autre bonheur... Lorsque je ne serai plus, c'est ici, dans ce bosquet, qu'il te faudra me placer. A l'aide de Valli, cela te sera facile ; et, quand le printemps sera dans tout son éclat, quand ces belles fleurs répandront, comme aujourd'hui, leurs parfums, viens dormir ici près de Rachel; évoque mon génie, mon âme; appelle-moi de la voix de ton cœur. Sois-en sûr, je te répondrai, si cela est possible... Si tu n'entends rien, si ma tombe reste muette, donne-moi de nouvelles larmes, car ce silence te prouvera qu'il n'est plus rien de Rachel que dans ton souvenir ou que nous ne devons pas habiter le même ciel.. quel affreux malheur! que n'es-tu né dans ma religion! mais t'aimerais-je autant? quel mystère que la vie !... Je ne dois pas m'en plaindre quand le moment présent est si doux. »

Oui, le secret du bonheur est d'être aimé ; il est tout entier dans l'affection, le dévouement que nous inspirons. Chrétiens ou juifs, soyons aimés.

CHAPITRE XXXI.

« Puisqu'un *amour* fatal a pour vous tant d'appas,
« Qu'il vous fait renoncer à votre propre estime ;
« Je veux du moins vous épargner un crime :
« Acceptez, ne dérobez pas. »
(Peyre, l'École des Pères, comédie.)

J'oubliais Hélène : il n'en pouvait être autrement dans des rapports intimes et de chaque instant avec Rachel.

La belle juive me traitait de plus en plus

avec un laisser aller, une familiarité, dangereux pour elle et pour moi-même.

« Quoique tu sois plus âgé que moi de trois ans, si je t'en crois, me disait-elle, tu es moralement beaucoup plus jeune; tu vas toujours devant toi en vrai fou, demandant ce qui te plait, coute que coute à ton prochain, t'efforçant même de le prendre. Je veux te corriger, t'imposer la gravité désirable dans ton sexe, dans ton état. Oh! tu as grand besoin de mes leçons.

— « Soit, lui répondis-je, continue, et puissé-je ne pas m'échapper...

— « Je réponds de toi : as-tu vu mon beau poignard?

— « Tu ne l'as pas toujours au côté. »

Elle avait entièrement changé la distribution des chambres au Mazzolino. Elle voulait, disait-elle, m'avoir *à sa disposition*, soit pour m'entretenir de choses sérieuses, si j'étais capable de la comprendre ; soit pour lui parler de la supériorité de ma foi sur la sienne, si je venais à me rappeler *ce que ma mère m'avait enseigné*, suivant mes expressions ; soit pour lui parler d'amour, ce à quoi je m'entendais mieux qu'à tout au monde, et ce qui n'était pas un besoin moins pressant pour elle.

Nous étions finissant de souper, au Mazzolino, lorsqu'elle me fit voir son nouvel arrangement.

« Je ne coucherai pas là, lui dis-je.

— « Pourquoi ?

— «Je ne suis pas un enfant, aussi subordonné à tes caprices que tu le penses. J'éprouve, au contraire, d'effrayans instincts *d'insurection* contre ton despotisme ; tu as, je crois, oublié ton redoutable poignard dans ma chambre à N***, et, certain que tu ne peux attenter à tes jours, je ne saurais répondre de moi... Je préfère aller bivouaquer dans ton bosquet. Je serai sage pour nous deux, car, avec ta prétendue fermeté, tu es plus folle que moi, et mon expérience de la vie est préférable à tes principes, même à la singulière sécurité que te donne ton horreur pour les chrétiens.

— « *Ton expérience de la vie!* Charles, me dit-elle, en s'avançant sur moi, me couvrant le front de sa main gauche, et me plaçant la main droite sur le cœur, les yeux fixés sur les miens avec une force magnétique... *L'expérience de la vie!* Qu'entends-tu par là? Tu ne t'étais jamais servi de ces expressions... Tu as donc aimé d'autres femmes... Réponds, réponds donc. Ah! j'en mourrai.

— « Qu'elle femme aurait pû m'inspirer cette fièvre, ce délire qui me brulent pour toi ! Non Rachel, je n'ai jamais éprouvé ce que je ressens en ce moment ; mais n'abuse pas. Tu ne sais pas à quelle tortures tu me condamnes ! Et, puisque tu n'entends pas l'amour dans son sens absolu, laisse-moi aller reposer dans ton bosquet ; j'y serai plus tranquille.

— « Je suis sure de moi, *moi*, et, puisque tu n'as aimé que Rachel, elle doit te traiter en frère.

— « C'est impossible.

— « Tu es donc bien décidé à passer la nuit à la belle étoile... il fait frais cependant... Allons, j'y consens, Charles *le sage;* bois le coup de l'étrier. Voilà d'excellent Malaga. Je l'ai apporté en France, et il venait à mon père des caves de Schinderhannes. Sa chaleur ne te sera pas de trop dans *mon* bosquet.

— « Oui, verse double rasade. Je me livre à Bacchus.

« Jupiter, prête moi ta foudre,
« Seconde ma haine en ce jour :
« Donne que je réduise en poudre
« Le temple où je connus l'amour. »

Et je vidai d'un trait un verre d'un vin délicieux.

« Que l'amour te soutienne toutefois, me dit gaiement Rachel, en me recevant dans ses bras.

Le vin de Shinderhannes contenait une forte dose d'opium et je tombai profondément endormi.

Si l'effet du narcotique avait été rapide comme l'éclair, il ne fut pas de longue durée. Je recouvrai bientôt l'usage de mes sens.

Rachel s'était endormie, et je la contemplais belle, ravissante.

Je ne pus me posséder !

« Malheureux !.. s'écria-t-elle, s'éveillant éperdue… Arrête, Charles… insensé !… Ah! je t'épargnerai un crime atroce, odieux….. Rachel n'est-elle pas à toi!… Viens, mon bien-aimé, que je te presse sur mon cœur. »

L'infortunée !

Le remords, la honte me précipitèrent bientôt, désespéré, aux pieds de Rachel baignée de larmes, qu'elle s'efforçait de retenir. Ma douleur s'épanchait en discours sans fin ; je m'accusais justement.

« Non, mon ami, me dit-elle avec une douceur d'ange, c'est moi seule qui ai eu tort, en voulant, en espérant l'impossible : tu me prévenais toi-même du danger ; mon inexpérience m'a perdue. Soit… j'en subirai les conséquences. Sois assez bon seulement pour ne jamais me rappeler cette scène pénible : je te jure de n'en conserver aucun ressentiment. Tu verras si je sais tenir ma promesse. Mon Charles, tu es toujours mon seul bien, ma vie. »

CHAPITRE XXXII.

« Notre destinée est toute entière dans les affections de notre
(cœur. »
(DE BONALD.)

Rachel resta en effet aussi tendre pour moi mais ce n'était plus la même manière d'être, la même confiance en elle; la gaieté, la folie avaient disparu; elle ne se disait pluspérieure à moi, quoiqu'elle le fut en réalité plus que jamais.

J'appris qu'elle avait traité du fonds de son magasin et qu'elle avait vendu sa maison.

Sa santé me semblant altérée, je lui offris de la conduire en Italie.

« Tu n'es pas plus sage que par le passé, me dit-elle, avec un sourire, pâle et triste. C'est la solitude qu'il me faut. La paix, le calme me sont nécessaires, et non pas le mouvement des voyages. Sans doute tous ces gens de N*** se réjouiraient du déshonneur de la pauvre juive ; mais je dois à ma nation de ne leur donner tant de plaisir qu'à mon corps défendant... C'est au Mazzolino que je vais me retirer, si tu le permets, Charles. Il te faut me le céder ou me le vendre. J'y conduirai avec moi mes deux fidèles servantes, et tu trouveras moyen de changer le jardinier actuel. Tu en feras venir un qui ne me connaisse pas. C'est au lieu qui vit le cr..., qui vit ma faute, dit-elle, en se reprenant, à être témoin de l'expiation. J'y vais vivre et mourir. Tu m'y feras de fréquentes visites, n'est-il pas vrai, Charles? Tu pourras y amener M. Senneville : je veux le voir souvent... Je lui écrirai d'une manière si pressante qu'il ne pourra me refuser. Oh! qu'il n'ait plus peur de moi! je suis bien changée, n'est-il pas vrai? Mon orgueil a été puni; mon regard hautain n'ose plus fixer le ciel. Si ta foi met en première ligne l'humilité, je suis on ne peut mieux disposée à devenir chrétienne.

— « Ma Rachel, tu ne saurais vouloir te punir du crime de ton amant; ta vertu, ta pureté sont d'un ange...

— « D'un ange déchu... Je te reconnais, Charles. Tu te résignes facilement et tu vas me prêcher ta morale... Tu as raison. Allons, *la juive* te rendra père. Sauras-tu en accomplir les devoirs?

— « Je le jure.

— « Et tu te le rappelleras.

— « Je le jure.

— « Tu jures trop. Borne-toi à promettre. C'est moins solennel et plus facile à tenir. Moi, je ne suis plus absolue, même en paroles. »

Rachel m'aimait et s'efforçait de me pardonner, mais sans pouvoir oublier.

Senneville céda aux instances de Rachel et vint plusieurs fois au Mazzolino.

« Il n'existe pas un plus noble cœur, me dit-il; il n'en est pas non plus qui soit plus profondément ulcéré. C'est un malheur inouï et sans remède. Mon ami, je te plains. »

Rachel avait des relations, plus extraordinaires qu'aucunes, avec une femme de trente ans, fort belle et imposante, et qui passait à N*** pour le type du fanatisme religieux et politique. Madame de Saint-Joseph était, disait-on, affiliée à une secte, que l'on nommait alors à peine, dont le siège était à Rome, et qui se montra toute puissante en France dès la fin de l'année suivante.

Cette dame avait été grâcieuse et aimable pour moi, dans nos rencontres chez Rachel.

Lorsque j'interrogeai celle-ci sur le secret, l'origine de ces relations, elle me dit que madame de Saint-Joseph avait semblé éprouver pour elle une simpathie particulière et lui avait fait mille prévenances, mille politesses, ne lui parlant jamais de la différence de leurs croyances réciproques, et qu'elles s'étaient surtout entendues pour leurs pratiques de charité; elles visitaient ensemble les malades, les pauvres et soulageaient de concert toutes les misères.

Je ne fus pas étonné de voir madame de Saint-Joseph admise au Mazzolino et instruite de la position de Rachel, sans s'en montrer le moins du monde scandalisée. « Je n'aime pas à demi, me dit-elle simplement, en me désignant mon amie. »

Elle nous sortit d'un fort grand embarras.

A la différence de madame de Saint-Joseph, nos deux servantes juives, par un fanatisme détestable, ne pardonnèrent pas à celle, qui, jusque là avait été leur idole, ce qu'elles regardaient comme un crime digne de mort. Elles nous quittèrent pour retourner en Allemagne. Heureusement le jardinier, que j'avais fait venir de Paris, avait amené avec lui sa sœur, cuisinière fort distinguée.

Il fallut à Rachel une femme de chambre,

qui s'entendit aux soins nécessaires à un enfant. Ce fut madame de Saint-Joseph qui nous procura un sujet, unique, dit-elle, une fille intelligente et dévouée. En effet, mademoiselle Babet était fort habile ; mais elle était beaucoup plus dévouée à madame de Saint Joseph qu'à moi.

Le retour de Napoléon, au printemps de 1815, ne m'émut que fort peu. Rachel approchait du terme de sa grossesse : je m'en occupai uniquement. Aussitôt que j'appris la rentrée de l'empereur à Paris, je fis emporter mes robes du palais de Justice et me retirai sans bruit.

« Rien ne me distraira plus de Rachel, me dis-je, et tant mieux, car son état, sa manière d'être m'inquiètent. Elle semble beaucoup plus se disposer à mourir qu'à jouir du bonheur d'être mère. »

« Charles, me dit-elle, es-tu donc le seul militaire qui ne se réjouisse pas du retour de l'empereur! Le peuple de N*** est dans l'ivresse : ses cris de joie arrivent, je crois, jusqu'ici, et je voudrais pouvoir en être témoin de plus près... tu ne vas pas tarder, je l'espère, à reprendre l'uniforme : ta place n'est plus à N***. Crois-moi, pars pour Paris.

— « Moi, te quitter en ce moment ! je ne t'obéirai pas, cette fois.

— « Encore !.... dit-elle, avec un sentiment de tristesse infinie... Mais, malheureux, tu sais que tu es loin d'être populaire à N***. Ces jeunes gens du faubourg, que tu as fait condamner dernièrement pour injures envers le roi, ont sans doute recouvré la liberté.....

— « Que m'importe ? Peux-tu penser que je recule jamais devant la canaille ? Je n'ai fait que mon devoir, et j'ai versé plus de sang pour mon pays que tous ceux qui crient et chantent aujourd'hui dans les rues de N***. Je gagerais même qu'aucun d'eux ne se trouvera avec moi à la frontière, le jour où la guerre éclatera.

— « Tu y retourneras donc ! ah ! je te reconnais. Il est au-dessous d'un homme de vivre, ainsi que tu fais, constamment aux côtés d'une femme, et voilà tantôt un an que tu ne me quittes presque pas. De là mon malheur... Aujourd'hui que la place que tu avais du gouvernement royal, est perdue pour toi, rien ne te retient plus à N***, et tu devrais être déjà rendu sous les drapeaux.

— « Comment ! rien ne me retient plus à N*** ! Mais toi, Rachel !

— « Bon ! moi ! une faible femme que tu as...

— « Je me brûle la cervelle à tes yeux, si tu ajoutes un mot.

— « Madame de St-Joseph se chargera de mon enfant.

— « Je ne le souffrirai pas.

— « As-tu le droit d'en ordonner? Montre-moi dans tes codes l'article qui autorise l'assassin à jouir en paix du fruit de son crime.

— « Ah! tu me rendras fou... Adieu, Rachel. »

Le soir de ce même jour, un homme de 28 ans, exaspéré, furieux, courait les rues de N***, bravant une populace en délire, bouleversant les farandoles, en pénétrant au milieu pour y crier *vive le roi*, et cet homme trouvait, dans la fièvre qui le brûlait, une force herculéenne; il terrassait ses adversaires, ou, s'il se voyait au moment d'être accablé par le nombre, l'instinct de conservation, qui n'abandonne jamais le malheureux, le portait à s'échapper avec la vitesse d'un cerf, et il allait s'attaquer à d'autres grouppes, renverser d'autres danseurs ; interrompre d'autres chants.

Il était dix heures, et mon brave Valli qui avait couru à ma recherche, en compagnie de ses chiens, rentrait au Mazzolino, désespéré de ne m'avoir pas rencontré.

Je rentrais moi-même et je n'avais pas cinquante pas à faire pour arriver, lorsqu'à l'extrémité du faubourg, je fus reconnu par un de ces jeunes gens dont m'avait parlé Rachel.

Il me signala à huit ou dix garnemens, qui l'accompagnaient, comme un *aristocrate*, un *royaliste*, que sais-je ? ils m'entourèrent aussitôt et me signifièrent que je ne passerais pas sans avoir crié *vive l'empereur*.

« Criez pour vous et pour moi, leur dis-je. je ne fais que ce qui me plait et il ne me plait pas de vous obéir. »

J'applique, en même temps, un vigoureux coup de canne sur le bras de mon agresseur; la chaîne se rompt et je cours vers le Mazzolino.

Rachel, en proie aux plus mortelles inquiétudes, m'attendait. De sa fenêtre, elle m'aperçoit poursuivi par des énergumenes, furieux que je leur eusse échappé; elle jette des cris effrayans et appelle Valli, resté sur le seuil de la porte avec ses dogues.

Mon vieux dragon là comprend et vient à mon aide.

Les forcenés marchaient sur mes talons, mon *condamné* en tête, hurlant et vociférant, avide de se venger. Valli le juge de suite mon plus dangereux adversaire : il se jette sur lui, le prend par les deux bras, l'enlève et, le faisan ttourner, en manière de moulinet il en frappe le surplus de la bande. qui prend aussitôt la fuite, poursuivie et cruellement déchirée par mes chiens. Valli, voyant mes ennemis lui échapper, leur lance à la tête le corps de leur camarade, qni criait miséricorde, les bras serrés par mon Corse, comme dans un étau, et tout étourdi, et disloqué.

Fort de mes auxiliaires, j'étais retourné à la charge avec Valli et je fus témoin du triomphe du vieux brave.

« Ah ! ah ! dit-il, en voyant nos adversaires fuir dans toutes les directions, boiteux, sanglans, éclopés. La leçon sera, je crois, suffisante pour la canaille, qui serait tentée de s'attaquer aux soldats de l'empereur Napoléon... Mais hâtez-vous, mon commandant, (il m'appelait ainsi depuis le retour de l'empereur) hâtez-vous d'aller voir à madame Rachel ; les cris qu'elle a jetés en m'appelant avaient quelque chose de sauvage, d'extraordinaire ; elle a tant souffert depuis votre sortie ! Je redoute quelque catastrophe. »

Hélas ! les craintes de Valli n'étaient que trop fondées. Je trouvai Rachel mourante entre les bras de madame de St-Joseph. Elle venait de donner le jour, avant terme, à une pauvre enfant bien frêle, à laquelle la sœur du jardinier, heureusement très experte en ces matières, prodiguait d'excellents soins.

« Ah ! viens, mon Charles, me dit Rachel, viens et pardonne-moi ma folie. Hélas ! ce matin encore, j'y ai cédé ; c'est moi qui t'ai exposé aux coups de ces misérables. Mon amour aurait dû embellir ton existence, et il n'a été pour toi qu'une suite de harinsegct de persécutions. J'ai eu tort, je le reconnais trop tard ; je n'ai pas compris la vie... Adieu, mon ami... Nomme ma fille *Emmeline*, et sois bon pour elle : ne la contrarie pas dans ses penchans : ils seront tous nobles et dignes... Place-moi dans *mon* bosquet et va-s-y souvent rêver. »

Prosterné près du lit de Rachel, je reçus le dernier soupir de ma pauvre amie.

Pour venir à moi, Senneville brava l'orgie populaire.

« Juive ou chrétienne, sois bénie, dit-il, en imposant ses deux mains sur la tête de Rachel : tu es digne du ciel et de mon Dieu. »

CHAPITRE XXXIII.

« A tout le monde il serait doux,
« Je le sens bien; de pouvoir plaire;
« Mais, pour contenter tous les goûts,
« Je ne sais pas ce qu'il faut faire. »
(Jouy et Delongchamps, *Comment faire*, vaudeville.)

De tous côtés on m'écrivait pour me demander ce que je devenais, et, absorbé dans ma douleur et dans la surveillance des soins donnés à ma petite Emmeline par mademoiselle Babet, la protégée de madame de St-

Joseph, je ne répondais à personne, pas même à Hélène.

Valli n'osait me prier d'aller à son empereur, et mon général me rappelait vainement qu'il m'attendait pour l'ouverture de la campagne.

Senneville ne me quittait que fort peu et me pressait lui-même de m'éloigner.

Je passais des nuits entières au tombeau de Rachel. Hélas! rien n'y répondait à ma voix, à mes larmes!... Il est des douleurs auxquelles on est étonné de n'avoir pas succombé. L'homme y survit toutefois et... se console.

Dorville obtint enfin que je l'accompagnerais à Paris.

J'y emmenai avec moi mon enfant et sa bonne, Madame de Saint-Joseph m'offrait incessamment de se charger d'Emmeline; mais je m'y refusais. Je redoutais cette femme, par un sentiment dont je ne pouvais me rendre compte, et cependant je l'avais vue pleurer Rachel avec moi.

Dorville avait pris la direction du théâtre de N***. Il venait à Paris pour compléter sa troupe.

« Vous ne m'en croirez pas, me dit-il, mon cher Charles, et je vois bien que vous allez retourner à l'armée, n'imaginant rien de mieux : eh bien ! cette fois encore, vous n'entendez rien à vos intérêts. C'est au théâtre, au théâtre seulement que vous retrouveriez le repos. Je ne vous offre pas de jouer la comédie à N*** même, bien que ce fut un moyen puissant de faire la fortune de mon entreprise. Un sentiment, tel quel, ne vous permettrait pas d'y changer aiusi... d'emploi ; mais nous pouvons tout concilier et transporter nos *chants* ailleurs, dans l'intérieur de la France, autant que possible, car votre diable d'empereur ne va pas tarder à nous ramener les étrangers, et je ne me soucie pas le moins du monde de chanter pour eux.

— « Je ne me sens plus, moi, en voix pour personne. Ma vie se gâte à un point fou.. Je ne vois vraiment rien de mieux pour moi, dans le moment actuel, que d'aller donner ou recevoir des coups de sabre. Je voudrais surtout guerroyer contre la populace de N***, et si je savais qu'elle dut venir à l'armée, je passerais, je crois, dans les rangs prussiens pour la combattre... Ah! quelle soit maudite! elle a causé la mort d'un ange. Vous avez connu Rachel, et vous m'accorderez que rien d'aussi adorable n'exista jamais.

— « D'après ce que vous m'avez dit, Hélène ne goutera nullement votre projet de retourner à l'armée.

— « Par compensation, madame de Marilly a déjà pris ses mesures pour m'y renvoyer. De son côté, le marquis d'Arbois, à qui je devais ma place dans la magistrature, va vouloir m'emmener à Gand. Oh ! je vais trouver à qui parler, à Paris.

— « Eh ! n'en faites qu'à votre fantaisie.

— « A la grâce de Dieu. A force de tourner, la girouette se rouillera et s'arrêtera, soit pour *enfumer*, engraisser quelque plaine de la Belgique, soit pour s'endormir sous une robe de vieux juge.

— « Croyez-moi, chantez l'opéra-comique. Après la crise actuelle, la musique deviendra une puissance, et un premier ténor gagnera plus d'argent qu'un maréchal de France. »

Hélène s'accommodait si bien de mon absence, à ce qu'il paraît, que je ne l'avais jamais vue si blanche et rose.

« Eh bien, me dit-elle, mon Charles, comment te trouves-tu de ta dernière expédition ? si j'en crois ta pâleur extrême, la magistrature ne te vaut pas mieux que la guerre. Le pigeon voyageur a, cette fois encore, été frappé de l'orage.

— « Il est trop vrai : j'ai failli être assassiné par la populace de N***.

— « Cela devrait bien te guérir de la manie de courir le monde. Dieu veuille au moins que tu ne sois pas ici pour aller guerroyer.

— « Ne parlons pas de cela. Je suis si heureux près de toi !

— « Oui, tu dois avoir de bien jolies choses à me dire depuis un an, vilain méchant ; mais promets moi que l'empereur...

— « Ah ! il ne faut pas gronder le pauvre pigeon maltraité par la tempête. »

Chez M. d'Arbois, c'était tout au rebours.

Le marquis m'avait écrit de Gand. « Je suis chargé d'une mission importante auprès d'une cour du nord ; il me faut un secrétaire intelligent et dévoué : votre conduite à N*** a été parfaite de royalisme ; accourez et je vous ouvre la carrière des hauts emplois. »

Fernande était venue à Paris avec mon général, uniquement dans mon intérêt, me dit-elle, si je pouvais hésiter le moins du monde sur la seule route qu'il me fut permis de suivre.

« Quel habit as-tu là? me dit-elle, en m'apercevant. Te crois-tu donc encore magistrat?

— « M. d'Arbois m'engage à aller faire avec lui de la diplomatie à Gand. Cela me serait nouveau et je viens prendre ton avis pour en essayer.

— « Qu'elle plaisanterie! M. de Marilly

est sur le point d'obtenir le commandement d'une division et tu ne saurais oublier que ta place est près de lui. Déjà il a régularisé ta position, et tu peux aller reprendre l'uniforme de chef d'escadron. La campagne, qui va commencer, peut te valoir un régiment. »

Je cherchai un juste-milieu entre l'enthousiasme de Fernande et l'antipathie d'Hélène pour la gloire. Je changeai d'habit, de jour et de nuit, autant que les goûts différens de ces dames l'exigeaient. Que n'avais-je pu ainsi me faire juif pour Rachel!

Toute la profondeur de mes réflexions et mon désir de bien faire ne purent me fournir le moyen de me montrer, le dessous du nez imberbe, à Hélène, et, la lèvre couverte d'une élégante moustache noire, à Fernande.

Dorville, que je consultai, me rappela qu'au théâtre, à l'aide de la gomme ou d'un bouchon, nous nous donnions à loisir un air guerrier.

Cela n'était pas faisable à l'hôtel de Marilly.

Je pris encore un terme moyen. Ne pouvant me laisser croitre la barbe d'un côté seulement, ainsi que Dorville me le conseillait, en riant de mon embarras très réel, je pris le parti de ne me raser la lèvre supérieure qu'avec des ciseaux, de manière à laisser croire à Fernande que je laissais croitre ma moustache, mais qu'elle poussait lentement.

Hélas! Hélène ne s'y trompa pas deux jours et, pour lui épargner des larmes, je me rasai complètement. Je cédais ainsi à celle qui faisait le plus de bruit.

Fernande, elle, ne pleurait pas ; elle ordonnait.

—

CHAPITRE XXXIV.

>Væ victis.
>
>(TITE-LIVE)

Mon général ne laissait pas de se rappeler qu'il était né noble, très noble, et ses simpathies de naissance combattaient fortement en lui le charme de ses souvenirs impériaux. Heureusement ceux-ci l'emportèrent.

« Savez-vous, me dit-il, que j'ai été tenté de vous envoyer seul à l'armée de l'empereur et de partir moi-même pour Gand?

— « Nous aurions pu nous y retrouver : M. d'Arbois m'y a appelé.

— « Que le diable emporte M. mon oncle!

— « Pourquoi donc seriez-vous passé à l'étranger plutôt que moi?

— « Eh ! j'ai prêté serment au roi ; j'en ai reçu des faveurs, et je voudrais lui rester fidèle ; d'un autre côté, je suis soldat, et je dois défendre le sol de la France.

— « Mon général, la patrie, quelque soit la couleur de son drapeau, voilà notre prince le plus, le seul légitime. Laissons le roi et l'empereur vider entre eux leur querelle ; quant à nous, notre place est dans les rangs de l'armée française, qui va combattre l'étranger.

— « C'est incontestable, et que la campagne commence le plustôt possible : je suis mieux à l'armée qu'avec ma femme. »

Ma tante savait compâtir à mon égard aux faiblesses humaines; elle m'invitait d'ailleurs très spontanément à aller visiter mes propriétés en Poitou. Hélène, pour m'éloigner du théâtre de la guerre, me pressa elle-même de me rendre aux instances de madame Delmar.

Je pus ainsi partir pour le nord lorsqu'Hélène me croyait en route pour le midi.

Hélas! notre campagne ne fut pas de longue durée : je n'avais quitté Paris que le dix juin; j'y étais de retour le vingt-quatre, avec mon brave Valli, blessé fort dangéreusement.

Nous nous étions bien battus à Ligny; tout allait le mieux du monde; mais les journées des dix-sept et dix-huit ne furent qu'une suite de fautes énormes. Notre aile droite, composée de vingt mille hommes d'élite, entendait notre canon pendant quinze heures et n'accourait pas...

Tout a été dit sur Waterloo. *Excidat illa dies œvo.*

J'étais honteux de ne m'éloigner que légèrement blessé de ce tombeau de la France ; mais mon fidèle Valli, qui s'était battu en lion, ne pouvait plus tenir à cheval ; je m'emparai d'une mauvaise *cariole* et l'y plaçai. Je fus assez heureux, au prix de beaucoup d'or, pour le ramener vivant à Paris.

Les prétendus représentans de la France en agirent de manière à dégouter du gouvernement constitutionnel. Oh ! le beau triomphe pour les avocats ! que leur faconde est une belle chose ! Digne second acte de la déchéance prononcée, l'année précédente, par le sénat!

Napoléon céda à la fortune; il fléchit devant quelques traitres, devant quelques orateurs dupes ou factieux, et nos débris se retirèrent derrière la Loire, en attendant un licenciement prochain.

Le roi rentra à Paris avec une formidable escorte anglaise et prussienne.

Notre humiliation était au comble.

M. d'Arbois revint de Gand avec Louis XVIII et me sut gré de me trouver à Paris. Il se croyait appelé à de hautes destinées, il pensait avoir besoin de mon travail, et cela le porta à me pardonner de ne l'avoir pas rejoint en Flandre. Il ignorait que j'eusse accompagné son neveu à l'armée; j'eus la faiblesse ou la discrétion de ne lui en rien dire.

Bientôt parut l'ordonnance du vingt-quatre juillet, cette liste de proscription de toutes les gloires de la France. Le temps devenait de plus en plus sombre et difficile.

M. d'Arbois m'entretenait, en termes si exclusifs de la félonie de ceux qui avaient pris les armes contre les alliés du roi, que je ne pensais nullement à aller reprendre ma place à N***. Je m'en regardais comme indigne, dans l'esprit de l'époque.

De son côté, Dorville me faisait un portrait effrayant de cet affreux peuple, hurlant plus que jamais, *farandolant* dans les rues et chantant en cœur : *nous avons notre père de Gand*, et autres gentillesses à la mode. Je me serais nécessairement fait querelle avec ces gens-là. Mieux valait rester à Paris. Je me promenais en bon bourgeois, au Luxembourg, près de mademoiselle Babet portant sur son bras ma petite Emmeline ; je passais le reste de mon temps dans le salon de M. d'Arbois, avec toutes les notabilités royalistes, ou dans les coulisses de l'opéra avec Hélène. En vérité mes mœurs n'étaient nullement celles d'un farouche brigand de Waterloo, et l'on devait m'oublier ou me laisser en paix.

Mais on exerçait une surveillance sévère à l'égard de quiconque avait porté l'épée... On m'expédia l'ordre d'aller vivre dans mon pays.

Je courus à l'état-major présenter mes réclamations.

« Vous n'êtes pas de Paris : vous n'avez pas le droit d'y rester, me dit-on ; dans trois jours vous quitterez la capitale.

— « Bien obligé. »

J'étais tout attristé, tout mélancolique de l'abaissement de notre pauvre France : je ne voulus pas recourir au crédit de M. d'Arbois.

CHAPITRE XXXV.

» Les révolutions sont le carnaval de l'histoire. »
(MACHIAVEL.)

Je parlais à Hélène de la peine que me causaient ces folles persécutions.

« Eh bien, mon ami, me dit-elle, je te dois de ne pas te livrer à la solitude dans ta terre du Poitou et je t'y accompagnerai, à moins que tu ne préfères venir avec moi donner des concerts. Je suis à même d'avoir un congé : je veux l'exploiter à ton bénéfice. »

Nous étions discutant sur le meilleur parti à prendre, lorsque je reçus, avec un billet de M. d'Arbois, l'ordonnance qui me nommait *procureur général du roi* à N***.

Ces nouvelles, qui changent ou agrandissent la position d'un homme, lui causent toujours un certain émoi. Je ne m'attendais nullement à celle-ci, je ne la désirais en aucune façon ; j'en éprouvai toutefois plutôt du plaisir qu'autre chose ; du plaisir restrictif cependant. J'étais bien aise d'être procureur général, mais non pas à N***.

Je me trouvai dans la nécessité de partir de suite pour ma destination. C'était, m'écrivait le marquis, la condition principale de ma nomination.

« Veux-tu que je t'accompagne ? me dit Hélène.

— « Peux-tu douter de ma réponse ! je serai trop heureux. Tu sais si je sollicitai de toi pareille faveur, l'année dernière !

— « Oui ; mais je veux chanter l'opéra à N*** avec ton ami Dorville.

— « Soit ; cela t'empêchera de t'ennuyer. Oh ! tu peux me faire telles conditions que tu voudras ; je les accepte, pourvu que tu ne me quittes pas. Consens à m'épouser, et je te laisse chanter sur le théâtre de N***, autant que le cœur te dira. Je me connais en fait d'honneur et de bonheur : une cantatrice comme toi vaut mille fois tout ce qu'on rencontre de mieux dans le monde.

— « Merci, mon ami : tu me flattes ; mais tu dis vrai, quant à mon amour pour toi... J'attendrai cependant encore pour t'épouser. Tu n'as pas trente ans, et l'on m'a dit qu'il fallait qu'un homme eut cet âge-là tout au moins pour être un mari supportable. Et puis mon cher opéra!... Je n'y saurais renoncer en ce moment. As-tu entendu, hier, ces applaudissemens ennivrans?.. »

Je courus à la chancellerie; on me reçut en roi. J'étais l'homme essentiel dans les circonstances. Ma fermeté était tellement désirable dans les fonctions que l'on me confiait, qu'il eut été à souhaiter, me dit-on, que je pusse me multiplier.

Je fis vainement valoir que, ayant failli être assassiné, par la canaille impérialiste de N***, il était à craindre que je ne misse de l'animosité dans mes poursuites politiques. On me répondit que c'était en raison même de mes justes ressentimens que j'étais un homme précieux, et l'on me fit officier de la légion-d'honneur, à charge à moi de partir, aussitôt après ma prestation de serment, entre les mains du roi.

C'était un prince fort solennel que Louis XVIII, et un serment me fut toujours aussi un acte fort solennel. Celui d'un honnête homme ne saurait être une vaine formalité.

Le mien était tellement sincère, j'étais si fermement résolu à le tenir, que je ne craignis pas de fixer le roi en le prononçant, et il paraît que mon accent et mon regard avaient quelque chose de touchant et étaient bien affirmatifs. Le roi me sourit avec beaucoup de bonté.

Il ne se doutait pas avoir devant lui un des brigands de Waterloo : l'eut-il su, il m'aurait souri encore s'il avait pu lire dans mon cœur.

En effet, je regardais Louis XVIII comme

le sauveur de la France, vaincue et humiliée. Il était incontestable pour moi, que, sans lui, les étrangers, exaspérés de leurs longues défaites, et usant de la victoire qu'ils nous avaient arrachée le 18 juin, se partageaient notre pays et nous effaçaient de la liste des nations. L'empereur parti, rien ne pouvait les en empêcher : honneur donc au roi, et aide à lui, non pour exterminer les dissidens, mais pour rétablir l'ordre et obtenir par là le départ des étrangers.

Par un sentiment tel quel, je n'avais pu prendre sur moi de laisser voir Emmeline à Hélène. Je l'avais fait partir en avant, avec sa nourrice et sa gouvernante, sous la surveillance de mon bon Valli, à peine entré en convalescence. Je les envoyais s'établir au Mazzolino, afin que ma maison de ville fut à la disposition d'Hélène et de sa mère.

J'allais monter en voiture avec elles lorsqu'un officier de l'état-major de la place m'arrêta assez vivement, et me signifia de le suivre au bureau de la police militaire, pour m'être permis de ne pas partir dans les trois jours qui m'avaient été accordés.

« A qui croyez-vous donc parler, Monsieur? » dis-je au quasi-gendarme, en me gourmant d'autant plus que, nous autres militaires actifs, nous méprisions souverainement la police à épaulettes.

Le lieutenant fit bonne contenance, et me répondit :

« Eh! parbleu! je parle au commandant Germond, ex-aide-de-camp du général de Marilly.

— « Je veux bien vous montrer mes papiers; vous allez voir que je n'ai rien à démêler avec la police. »

Je lui présentai l'ordonnance qui nommait procureur-général à N*** M. de Luciennes (nulle mention de mon nom de Germond), avocat-général à la même cour; le procès-verbal de ma prestation de serment, et mon brevet d'officier de la légion-d'honneur.

Ce fut une scène fort plaisante.

« Je prie M. le procureur-général de m'excuser, me dit l'officier, en me saluant le plus humblement du monde.

« Je pars dans quelques instans pour N***, ajoutai-je; et si vous avez la complaisance de m'attendre, vous me verrez passer la barrière.

— « Mille pardons, encore une fois; j'avais été mal *renseigné* »

L'intelligence du pauvre diable n'allait pas jusqu'à comprendre qu'on pût être en même temps chef d'escadron et procureur-général.

Ce n'était pas ma faute : on vit pis que cela en 1815.

Le marquis était à la campagne avec Fernande et M. de Marilly.

J'avais annoncé à Dorville l'arrivée d'Hélène à N***, pour qu'il préparât ses représentations.

Il nous attendait, à notre descente de voiture, moins encore, me dit-il, pour rendre hommage à la cantatrice sans pareille, que parce qu'il voulait être la première *autorité* locale à me presser la main.

« Il va falloir reculer les murs de notre salle de spectacle, ajouta-t-il, pour les représentations de madame. Mon entreprise est dans une voie de prospérité inouïe. J'ai fait placer des drapeaux blancs aux quatre coins du théâtre, et la foule accourt par dévouement

Nos deux basses-tailles sont sur les dents à force de *brailler le chant français* : c'est pis qu'au mois de mars. La populace crie d'autant plus fort *vive le roi!* pour faire oublier qu'elle a horriblement crié *vive l'empereur!* »

Loin de moi de parler volontairement politique, et surtout politique de 1815. Ce n'est pas que je n'en pusse conter des choses fort plaisantes ; mais le cœur ne me dit pas, et je me tais sur les détails de mon installation et mes rapports avec les autorités.

Quelques unes avaient survécu à la double révolution du 20 mars et du 8 juillet. Mon ami Souvestre, le préfet, avait succombé, lui, à mon grand regret, et sa place était occupée par un énergumène, qui ne parlait que de pendre et de proscrire. Je résolus de le contrarier, autant qu'il serait en mon pouvoir, bien qu'il se prit à me fêter, et Hélène elle-même, qu'il accueillit et traita avec une distinction particulière, sans doute pour me gagner le cœur.

Senneville était resté puissant, et son noble caractère se montrait dans toute sa bonté. Sa tolérance augmentait en raison même de son crédit. Ministre de Jésus-Christ, il avait béni la juive à son lit de mort ; maintenant il priait pour les proscrits, et donnait asile à l'un des principaux de l'époque.

La première lettre que j'avais ouverte au parquet, à mon arrivée, contenait l'ordre de présenter pour la place de procureur du roi à N***. Le titulaire, homme à la vérité peu recommandable, était mis de côté.

J'avais fait nommer substitut, l'année précédente, un jeune homme d'un très grand mérite, ex-garde d'honneur, nommé Flory. C'était le meilleur ami que j'eusse parmi les magistrats à N***.

Lorsque j'étais parti pour Paris avec Dorville, M. Flory me confia qu'il allait reprendre du service dans les chasseurs à cheval de la garde, et il s'était trouvé, en effet, avec moi à Waterloo.

Revenu à N***, après notre défaite, il avait repris, à petit bruit, sa place, non sans inquiétude sur les suites de son acte de patriotisme. Je laisse à penser s'il avait vu ma nomination avec plaisir.

Je l'avais présenté pour être procureur du roi : il en était éminemment le plus digne par sa fermeté et sa haute capacité et j'avais répondu de lui comme de moi pour sa fidélité à la foi du serment.

Je ne doutais pas du succès, et il était déjeûnant avec Hélène et moi, lorsque nous apprîmes qu'un M. de Neuilly, sans autre qualité ou désignation, était appelé à cette place.

J'en fus vivement effrayé.

« Bon ! me dit le brave jeune homme, je

vous en prie, mon cher patron, n'y attachez pas plus d'importance que moi-même : sincèrement, je n'étais pas digne d'un poste si élevé, et si vous n'aviez repris vous-même les armes pendant les cent jours, je vous dirais que ce n'est réellement pas dans l'armée impériale que le gouvernement doit aller chercher des *hommes du roi;* il serait plus rationnel de les prendre dans les rangs anglais ou prussiens. M. de Neuilly est sans doute un vieux magistrat! éprouvé dans les chancelleries des princes, et fort de dévouement : je suis prêt à le reconnaître pour mon chef, et à le seconder de tout mon zèle. »

Valli annonça M. de Neuilly, qui insistait vivement pour être reçu de suite.

Nous vîmes entrer un homme de plus de cinquante ans, extrêmement grand et maigre, et n'ayant plus que quelques cheveux blancs et rares, à peu près tel qu'on représente don Quichotte.

il était en bottes fortes, encore tout éperonné, et portait un gilet d'uniforme sous un frac gris.

« Ah! me dis-je, il serait plaisant que celui-ci fut encore un échappé de Waterloo. »

« Mille pardons, M. le procureur-général, me dit-il, si je me présente ainsi chez vous sans cérémonie. Votre dévouement à la bonne cause est connu, et vous reconnaîtrez le mien à mon empressement à me rendre à mon poste : on m'a dit d'accourir ici à votre aide, et je suis accouru. Nous allons faire bonne chasse, à nous deux, une grande consommation de gibier Bonapartiste : Il ne faudra que me mettre sur la voie ; j'ai bon nez et les jambes longues..... De grâce, faites-moi installer le plus tôt possible, ce matin même, s'il vous plait. J'ai hâte d'être en fonctions... et de voir courir le traitement. On pourrait faire prévenir les autorités par la gendarmerie... J'espère que ma franchise militaire vous conviendra : je n'en ai rien perdu pendant une trop longue inaction. Depuis mon retour de l'émigration jusqu'à la première rentrée du roi, j'ai vécu à la campagne, dans le Limousin. Je n'ai accepté de l'usurpateur que la lieutenance de louveterie de mon arrondissement... Ainsi je puis dire n'avoir jamais dévié. Puisse-t-il en avoir été ainsi des membres du tribunal ! J'y regarderai de près et j'y mettrai bon ordre, pour le parquet surtout ; il faudra marcher droit avec moi. Oh ! je vous seconderai vigoureusement. Je suis un homme d'action, voyez-vous. Les écritures, la procédure ne sont pas autant mon fait. Il ne faut pas surtout me parler de droit... Que le diable m'emporte si je sais ce que c'est...

Pardon, Madame... Attendez. Que voulais-je dire? m'y voilà... En 1814 donc, j'ai repris du service dans les gardes-du-corps; j'ai suivi le roi à Gand, et je suis rentré avec lui. On m'a jugé un peu fatigué pour le service militaire, et l'on m'a donné, pour retraite, la place de procureur du roi près ce tribunal... Au fait, cela m'est préférable. Mon père était magistrat, et c'est ce qui aura fait penser que j'avais fait moi-même des études... Mes opinions sont pures, c'est le point principal. Je surveillerai, je verrai en grand. Les jeunes gens aiment le travail : mes substituts feront *la besogne.* Il faudra que l'on me prête une robe, si cela est absolument nécessaire, pour ma prestation de serment devant la cour. Je crains d'être assez gauche là-dessous. S'il est indispensable que j'en aye une, je la ferai faire et je donnerai un bon sur le quartier-maître... Je veux dire sur le juge, le secrétaire, chargé de la comptabilité, car il n'y a peut-être pas de juge d'habillement : ce n'est pas comme dans nos compagnies... »

Je ne voyais pas de raison pour qu'un pareil discours, où les phrases incidentes absorbaient à chaque instant le sujet, prît jamais fin, et je tremblais d'éclater de rire.

Je priai M. de Neuilly de déjeûner avec nous, afin de reposer son larynx, et je lui fis donner la liste des visites qu'il avait à faire, m'engageant à le présenter, le lendemain, à sa prestation de serment.

Je le pris à part, et lui fis accepter un prêt de cinquante louis, pour parer à ses premiers frais d'établissement, afin qu'il pût payer sa robe, le prévenant qu'il n'y avait ni juge d'habillement ni juge trésorier, ni personne sur qui *tirer* ou *donner des bons*, et que moi seul je ferais honneur aux siens, s'il voulait m'accepter pour banquier.

Mon procédé me le fit prendre en grande considération et lui donna d'autant meilleure opinion de mon royalisme.

Je lui présentai M. Flory, qui se chargea de le conduire faire ses visites. A nous deux, pour l'honneur du corps, nous nous efforçames de civiliser l'ex-lieutenant de louveterie impériale, et nous avions fort à faire.

Hélène était stupéfaite de la peine que je me donnais et se récriait sur l'originalité du personnage. Je m'aperçus même que M. de Neuilly contribuait fort à lui faire prendre la province en mauvaise part. Le mal est souvent plus saillant que le bien, et Hélène jugeait de mon entourage de magistrats par M. de Neuilly. Elle faisait injure à la compagnie.

Toutefois la nomination de ce vieux gentilhomme à un pareil poste était vraiment bien extraordinaire.

Nous avions été, M. Flory et moi, lui faire prendre possession de son parquet, et il trouvait le local très agréable.

« Ne pourrais-je pas faire placer un lit ici pour moi? me dit-il.

— « Je n'y vois pas de difficulté, répondis-je, et vous pourriez même loger votre cheval dans la salle des pas perdus... Mais parlez-en d'abord au président du tribunal. Je crains son opposition : il ne *pense* pas aussi bien que nous.

— « Voilà le mal de cette époque, reprit-il: le gouvernement royal devrait renvoyer promptement tous les fonctionnaires de l'empire.

— « Je suis bien de votre avis ; toutefois laissons-leur le temps de nous enseigner notre métier. »

Le jour de sa prestation de serment, il tint de tels discours saugrenus, à la chambre du conseil de la cour, où je l'avais conduit, un moment avant l'audience, que ces messieurs ne se possédaient pas.

Leur gaieté me gagna et me suivit jusque sur mon siége.

« Messieurs, dis-je, j'ai l'honneur de présenter à la cour l'ordonnance de S. M. qui nomme M. de Neuilly son procureur près le tribunal de N***. Cette nomination est la juste récompense d'une fidélité parfaite à la bonne cause. M. de Neully, de retour de l'émigration, n'a accepté, sous le règne de l'usurpateur, qu'une simple lieutenance de louveterie et a vécu dans ses terres, se livrant uniquement à l'exercice salutaire de la chasse, en attendant des jours meilleurs pour la patrie. Entré dans les gardes du corps, il a accompagné le roi en Belgique; on lui a accordé une retraite honorable dans le nouveau poste, auquel il est appelé. Puisse-t-ils'y délasser long-temps de ses fatigues et de ses travaux ! Ses sentimens éminemment religieux et monarchiques, et sa constance à ne servir son prince qu'à l'étranger vous sont garans de son expérience des hommes et des affaires et de sa haute capacité. »

Je ne présente pas mon discours comme un modèle de sagesse : aussi ces messieurs de la cour se regardaient-ils entre eux et en croyaient à peine leurs oreilles; mais je n'avais engagé que ma fidélité au gouvernement royal, et il était au-dessus de mes forces de donner mon approbation a un pareil choix. J'étais même tout prêt à en développer les raisons.

Je parlai donc ainsi avec connaissance de cause, sans haine et sans crainte.

J'ajoute bien vite, pour rassurer le lecteur, que j'en ai fait de même en pleine indépendance pendant toute ma carrière judiciaire. J'étais *passé*, *reconnu* royaliste, et je n'ai jamais appris que mes discours ayent été signalés au pouvoir en mauvaise part.

M. de Neuilly me remercia lui-même des *choses flatteuses* que contenait mon allocution.

« Je regrette seulement, me dit-il, que vous ayez parlé de la louveterie. C'est la tache de mon écusson et, si vous avez voulu me la reprocher, j'en fais volontiers amende honorable auprès de vous.

— « Bon! il n'y a pas un de ces messieurs, qui n'ait fait mille fois pis. Je les défie de vous jeter la pierre. J'ai là dans mes notes leur biographie à tous. Hélas! qui n'a sacrifié à l'idole!

— « Je suis heureux de vous entendre parler ainsi, monsieur le procureur général; car, entre nous, si l'empereur avait voulu de mes services...

— « Eh! sans doute.

— « Mais je crois qu'il ne m'aurait pas fait procureur impérial : il voulait qu'on eût fait des études spéciales.

— « Oui; c'était sa marotte.

— « Du reste, je me confesse à vous; je me mets à votre discrétion. Comment vais-je faire?

— Soyez tranquille, j'y ai pensé; je ne veux pas que votre amour-propre ait à souffrir. M. Flory est un autre moi-même; ayez pleine confiance en lui. Soyez, à huis-clos, son substitut au lieu d'être son chef : *tout s'apprend*, surtout par la pratique. Dans quelque temps, lorsque vous aurez une *teinture* des affaires, la cour vous absorbera. Je vous ferai conseiller, et vous n'aurez qu'à vous montrer au crépuscule de la chambre du conseil, si le grand jour de l'audience vous effraie. »

« Il est bon homme, dis-je à part à M. Flory : soyons-lui bons ; enseignez-lui son métier. »

Le jour même, M. de Neuilly savait mettre des lettres sous bandes, et, six mois après, il faisait de petits réquisitoires fort agréables.

Les hommes de la restauration n'étaient pas tous aussi *gauches* qu'on a bien voulu le dire.

CHAPITRE XXXVI.

« O fortune, à ton caprice,
« Je livre mon destin ;
« A mon désir sois propice
« Et viens diriger ma main. »

(M. Scribe: Robert le Diable, opéra.)

Le talent d'Hélène était justement apprécié à N***, et jamais il ne reçut autant d'hommages et d'ovations ; elle était surtout flattée d'être reçue et fêtée dans les meilleures, dans les plus nobles maisons : aussi ses deux mois de congé s'écoulèrent-ils comme un seul jour pour moi et pour elle-même, me disait-elle obligeamment; mais il n'est que Paris pour les grands artistes, et l'on y rappelait Hélène.

« Tu viendras m'y retrouver, me dit-elle à son départ. Oh! que ce soit le plus tôt possible; *c'est là que je suis heureuse avec toi!* »

La saison était encore fort belle : je m'établis entièrement au Mazzolino, près de ma petite Emmeline. Jamais enfant ne fut l'objet de soins plus tendres et plus constans. Babet ne la perdait pas de vue un seul instant; Valli en était fou, et je ne m'en éloignais moi-même que pour les affaires les plus indispensables de mon état.

Mes relations avec Dorville et Senneville étaient de chaque jour, et j'allais incessamment du théâtre à l'évêché et de l'évêché au théâtre.

J'avais surtout une maison où je passais maintes soirées. J'avais été reçu, à mon arrivée à N***, avec une bonté particulière, chez la duchesse d'Albert. Nulle vieille femme n'é- plus aimable, plus indulgente et n'avait une causerie plus agéable et instructive.

C'était sous les auspices de Senneville que j'avais été introduit chez la duchesse, et j'y étais adopté sans restriction. J'étais parfait, me disait gaiement la duchesse, quand je l'entretenais de mon amour pour Rachel ou pour Hélène, et j'étais bien plus éloquent encore en lui parlant de ma tendresse pour ma fille.

Je savais par elle ce qu'on appelle l'opinion publique, cet être de raison qu'il faut bien prendre quelque part. On avait été surpris de me voir descendre chez Rachel, au printemps de 1814; mais l'extrême beauté de la juive avait fait de moi un objet d'envie beaucoup plus que de scandale. Si mes rapports avec Dorville semblaient un peu extraordinaires ; si j'allais avec lui, le soir, dans les coulisses, on me voyait aussi, chaque jour, avec Senneville, l'homme saint par excellence. C'était là, disait-on, la facilité des mœurs parisiennes. Et puis j'avais pris un hôtel magnifique; je donnais à dîner; je tenais un grand train; Valli était un domestique comme on n'en avait jamais vu... On m'aurait passé bien autre chose que mon amour pour deux jolies femmes et pour mon enfant.

Il en était à N*** comme partout : je jouissais des priviléges de la fortune et d'une haute position : « *Fortunæ veniam damus.* »

La duchesse était veuve; son entourage se composait de ses fils et gendres, qui, ayant tous servi sous l'empereur, n'en parlaient qu'en bons termes. L'on pouvait, avec eux, traiter sans aigreur les questions politiques les plus délicates de l'époque.

Madame d'Albert m'invita à passer la dernière quinzaine d'octobre à son château, situé à une lieue de N***.

Chaque jour, sauf le dimanche, je venais à la ville à midi recevoir mon courrier, donner audience, voir les autorites, faire une partie de ma correspondance ; puis je retournais bien vite au château faire de la musique, rire et causer. Mon retour, à l'heure du dîner, était d'autant plus fêté que j'apportais journaux et nouvelles de toute espèce.

Le curé du bourg voisin était des plus assidus chez madame d'Albert. Il me choyait plus qu'aucun pour que je fisse ma partie dans une messe en musique, que nos dames lui avaient promise pour la fête de son église.

Nous nous en occupions, et sa nièce, mademoiselle Pauline, grosse fille de vingt-cinq ans, très experte en confitures, pâtisseries et jeux de cartes, passait des journées entières au château. Oncques femme ne me sembla plus sérieuse, plus positive. Elle jouait les échecs, le piquet et l'écarté, de manière à désespérer les professeurs du café de la Régence ou du cercle des étrangers.

Je l'avais quelque peu en antipathie, tant ses mérites m'étaient négatifs. Oh! j'étais loin de me douter que *masse* pareille eût une inclination, et une inclination malheureuse.

Je l'appris singulièrement.

Nous nous promenions tous dans le parc, par le plus beau coucher du soleil. L'air était pur et frais, et je rêvais d'Hélène, laissant causer et chanter tout le monde, sans m'en mêler.

Lorsque je sortis de ma rêverie, je regardai autour de moi, et n'aperçus que mademoiselle Pauline, cueillant des *mures* de hayes, avec sa gravité accoutumée.

Je m'approchai bien doucement et l'entendis pousser un soupir.

J'eus peut-être la fatuité de penser qu'elle rêvait elle-même et de moi... Je lui donnai un gros baiser sur son beau cou blanc...

« Ah! c'est vous, M. de Luciennes, me dit-elle, en se retournant toute mécontente, c'est bien mal, ce que vous venez de faire.

— « Ne vous fâchez pas, ma belle Pauline, lui dis-je. *Je vous aime*, voila mon crime. »

Je fus sur le point d'ajouter à mon : *je vous aime*, un *ou le diable m'emporte ; et qui ne vous aimerait par une aussi belle soirée! J'en aimerais même également une autre qui se dessinerait, qui se poserait, comme vous faisiez tout à l'heure pour atteindre cette branche élevée...*

Heureusement je m'arrêtai à propos et gardai pour moi ces impertinences.

« Ne me parlez pas ainsi, M. de Luciennes, reprit-elle, vous me faites de la peine. Je sais bien que vous ne m'aimez pas, et tant mieux, car je ne pourrais vous payer de retour. Tenez : je suis bien malheureuse, et vous me plaindriez, si vous pouviez connaitre ma position... Je ne suis pas seule à souffrir : j'ai un ami, un amant, comme vous dites dans le grand monde. Nous nous aimons depuis notre enfance; nous nous sommes juré de n'être que l'un à l'autre ; mais Armand ne peut m'épouser, parcequ'il dépend entièrement de sa famille, qui exige qne je lui apporte une dot de vingt mille francs!... Hélas! mon oncle, n'a que le revenu de sa cure, et nous vieillissions ainsi, Armand et moi, sans voir d'autre terme à nos peines que la mort des parens de mon ami, et nous ne voulons pas même y penser. Cela est triste, d'attendre ainsi son bonheur de la mort de ceux que l'on voudrait pouvoir aimer !

— « Mille pardons, lui dis-je. Vous me voyez bien honteux de ma conduite. J'expierai ma faute, ma sottise, de manière ou d'autre, je vous jure. Je vous promets de vous unir à votre heureux Armand... dites-moi : que fait-il ?

— « Son père est notaire à Sainties ; et Armand doit lui succéder. C'est la meilleure étude du pays.

— « M. Armand a-t-il fait son droit ?

— « Sans doute, et à Paris.

— « Accepterait-il une place dans la magistrature ?

— « Il s'en tiendrait fort honoré ; mais, vous le concevrez, M. de Luciennes, un magistrat ne peut se marier, en faisant des sommations à son père, et celui-ci sera d'autant plus exigeant que la position de son fils sera élevée.

— « Quoiqu'il en soit, j'arrangerai cela. »

J'avais une velléité extrême de trancher toute difficulté en tirant vingt-quatre mille francs de mon portefeuille, comme une juste expiation de mon intempérance de langue.

« Pauvres jeunes gens ! me disais-je. Ils s'aiment depuis leur enfance ! C'est admirable celà ! Il n'y a que six ans, moi, que j'aime Hélène, si belle, si bonne ! Ah ! Pauline vaut bien mieux que moi, et il n'est pas dans l'ordre des bonnes choses, qu'elle n'ait pas au moins dans sa vie le beau jour de son mariage, sauf les désenchantemens du lendemain. Oui, je la marierai. »

Je rentrai au château, donnant le bras à cette amante incomparable, parlant bien sentimentalement de son ami, et plus heureux, j'en conviens, que si elle avait dit : *oui* à mon impertinente et brusque déclaration. O Providence, que tu arranges par fois tout pour le mieux.

Le lendemain, je m'avisai d'aller de grand matin à la chasse avec le garde en chef du château.

C'était un vieux soldat, qui s'était fait l'intime de Valli, et qui ne m'aimait pas moins que mon corse pour mon attention à l'écouter me conter les premières campagnes de Napoléon. Chasseur consommé, il trouvait, tout en parlant, moyen de suivre les chiens des yeux, et de couper son récit à propos pour me faire tirer sur lapins ou perdreaux.

Nous étions au dimanche, et je n'allais pas à N***. Je rentrai lorsque l'on était déjà à déjeûner.

« Arrivez donc, monsieur, me dit madame d'Albert. Avez-vous oublié que nous avons, à onze heures, répétition de la messe en musique, que vous devez faire exécuter, jeudi, à la gloire et satisfaction infinies de notre village?

— « Je vous demande pardon de mon retard, madame la duchesse. La faute en est vraiment à votre garde : il me gâte avec ses récits ; je resterais tout le jour à l'entendre. Ce vieux héros m'entretient du soleil de Marengo, d'Austerlitz et de Wagram, et cela m'éblouit, moi, qui n'ai guère vu que les orages et les nuages d'Eylau, de Walhstadt, de la Rothière, de Paris et de... »

J'allais dire : Waterloo, je m'arrêtai à temps.

Il y avait près de la duchesse, à sa gauche, un personnage, arrivé le matin même, et que je n'avais pas encore aperçu. Il paraît qu'on lui avait dit qui j'étais.

« Diable ! s'écria-t-il, d'un ton, au moins à moitié ironique. Monsieur n'a vu que des catastrophes ! Que va faire aussi un homme de robe à la guerre ?

— « Il y va pour se battre et de son mieux, répondis-je.

— « Ce n'est pas son affaire : il doit mal s'y prendre. »

J'allais répliquer et très vivement, lorsque la duchesse, à la droite de qui j'étais, se pencha sur moi avec plus de vivacité encore, et me dit à l'oreille : au nom de Dieu, mon cher monsieur de Luciennes, méprisez cette impertinence : je vous en demande mille excuses. »

Tous les convives semblaient consternés et jetaient sur le nouveau venu des regards courroucés ; il dévorait, lui, une énorme tranche de pâté, sans aucune émotion.

Il n'est personne, qui ne s'en soit aperçu maintes fois : il est des sympathies et des antipathies de première vue. Or, il paraît que j'avais déplu *d'emblée* au personnage. Il me déplaisait, à moi, à l'épreuve et souverainement.

Quel était-il ?

Je m'en informai auprès de ma voisine de droite, et j'appris que j'avais été ainsi apostrophé par un ancien fournisseur général des armées républicaines, fort peu connu de la duchesse et de ses enfans. Il se trouvait au pays pour une acquisition considérable. Il était venu, sans invitation, passer la journée au château.

Je me rappelais qu'à l'armée, nous méprisions fort ces messieurs de l'administration ; que nous les regardions comme des voleurs, ce qui était souvent vrai, et que nous les traitions crument comme tels ; que nos soldats leur attribuaient toutes leurs misères ; s'en prenaient à eux des vivres détestables qu'on leur distribuait, et que particulièrement j'avais contribué, en 1805, à empêcher l'un de nos régiments de pendre un petit garde magasin, nommé David, ancien commissaire des guerres, auquel nos braves reprochaient je ne sais quel méfait.

Je ne concevais pas l'apostrophe de celui-ci.

Il fallait qu'il eut perdu quelque procès, sur les conclusions d'nn de mes collègues, les gens de roi, comme on les nomme, et qu'il en eut pris en grippe toute la magistrature. « Cet homme assurément n'aime pas la justice, » me dis-je *in petto*.

Quoiqu'il en fut, porté, pour bonnes raisons, à excuser les intempérances de langue et les sots discours, puisque moi-même, je m'en étais *encore* rendu coupable, la veille avec Pauline, j'attribuai l'impertinence du personnage à la fatigue du voyage, à l'extrême chaleur du jour, à l'orage qui était menaçant, ou à quelque mauvaise digestion, et je m'efforçai de n'en tenir compte.

Je ne pus rendre à la conversation son ton animé et amical de tous les jours. Chacun ne causa plus qu'avec son voisin. Moi-même, en dépit de ma volonté de reprendre ma liberté d'esprit, j'étais sur le qui vive. Ce vilain homme avait coupé court à notre gaieté à tous.

La duchesse se hâta de donner l'exemple pour quitter la table, et, me prenant le bras, me pria de nouveau de ne tenir compte de la grossièreté du fournisseur, baron, de façon impériale, à qui Napoléon avait oublié de faire donner de l'éducation, en même temps qu'il lui avait octroyé la noblesse.

Nous nous occupâmes de la répétition de notre messe, et je repris ma belle humeur en redevenant *Maestro di Capella*. Mon joli troupeau féminin chantait à la manière des anges, et, artistes et amateurs accourus de N***, composaient un orchestre fort respectable, manœuvrant avec beaucoup d'ensemble.

J'obtins particulièrement un succès fou,

dans un morceau placé au moment dit *des élévations*. J'avais arrangé, sous un grand air de Nicolini, les paroles de l'hymne que Chénier avait composé pour la fête que Robespierre *donna* à l'Être Suprême, en avril 1794.

« Source de vérité, qu'outrage l'imposture,

« De tout ce qui respire éternel protecteur, etc. »

Je n'avais eu à changer que quelques mots; la pensée était restée grande et solennelle, et je m'accompagnais de la harpe.

Ces beaux vers étant peu connus, on les crut de moi. Je nommai Chénier, sans dire pour quelle circonstance il avait travaillé. Autrement, on n'eût plus vu que l'époque et celui qui *voulait bien* reconnaître l'Être Suprême. L'hymne aurait été jugé révolutionnaire.

Au milieu des complimens de tout le monde, le baron s'avança lui-même et me dit :

« Pour chanter ainsi, il faut que vous n'ayez pas fait autre chose pendant au moins dix ans.

— « Pas tout à fait autant, lui répondis-je. »

Il allait sans doute développer les conséquences de ses prémices : on me pressa de continuer la répétition, et force lui fut de s'arrêter.

Ce méchant homme m'ayant mis en susceptibilité à son égard, j'aurais répondu autrement à son apostrophe, si je n'avais pensé que peut-être il m'avait vu au théâtre, et que c'était à cela qu'il faisait allusion. Or, je m'étais promis de ne jamais me fâcher de rien de semblable.

Il pleuvait de manière à rendre la promenade impossible.

La répétition finie, on se mit à faire des parties, et les jeunes dames restèrent à chanter au piano.

J'allai donner quelques heures *aux soins de mon empire* judiciaire. C'était parfois un dur travail.

Je redescendis au salon à cinq heures. On jouait assez gros jeu à l'écarté. Le baron tenait tête à tout le monde et gagnait.

Il m'aperçut et m'entreprit de nouveau.

« Eh bien ! monsieur, me dit-il, ne risquerez-vous pas aussi quelques louis ? N'avez-vous donc aucun défaut ?

— « Pardon. J'en ai beaucoup, mais je les cache autant que possible. Je n'ai pas celui d'être joueur.

— « Aimeriez-vous l'argent ? C'est une triste passion... Allons, depuis un louis jusqu'à cent, jusqu'à mille, si vous voulez. Mon vendeur exige une vingtaine de mille francs de pot de vin. Il faut que vous payiez cette différence. Je n'y avais pas compté, et cela me gênerait, sur mon honneur... Je veux absolument vous faire ouvrir votre portefeuille. Voyons : à la mort, comme on dit, d'un millier de louis. On commence par trois mille francs et l'on double toujours. Il faut gagner quatre parties de suite. C'est un duel qui n'est pas dangereux le plus souvent, et qui dés-lors doit convenir à un homme de robe... Je vous provoque. cela est clair, et vous ne pouvez refuser le combat, quoique vous ayez toujours été vaincu jusqu'à présent, à Walhstatdt, à Paris, à Waterloo peut-être...

— « Je gage que vous n'y étiez pas.

— « J'étais à Gand... Mais ne détournons pas la conversation. Faisons donc une partie... mille louis... voyez : les beaux billets de banque !

— « Cet homme a définitivement bien mauvais ton, me dit, en allemand, le colonel d'Albert, le fils aîné de la duchesse. Je suis tenté de le faire jeter à la porte par les valets.

— « Attendez encore, colonel ; lui dis-je, je crois que c'est à moi particulièrement qu'il en a, et je veux m'en assurer. Ces inimitiés-là ne sont pas supportables.

« M. le baron, dis-je à l'ex-fournisseur, j'accepte définitivement votre cartel, mais non pas pour mon compte. Je ne suis pas brave à votre égard, vous me semblez trop dangereux. J'ai lieu de craindre que vous n'ayez pris part à autant de victoires que j'ai subi de défaites. Permettez-moi de vous présenter un champion, qui va prendre ma place... jusqu'à la fin des quatre parties d'écarté.

« Madame, dis-je à la duchesse, soyez assez bonne pour autoriser le combat que m'offre M. le baron. Il y va d'une question d'amour-propre tout au moins. Je gage qu'au fond du cœur, il m'accuse de pusillanimité. Souffrez que j'expose ma bourse, s'il veut bien m'en tenir quitte à ce prix... d'ailleurs, il est probable que personne n'y laissera ses mille louis, puisqu'il faudrait perdre quatre parties de suite, ce qui n'est pas commun.

— « A ces conditions-là, je consens, répondit madame d'Albert.

— « Ce n'est pas tout. Mademoiselle, dis-je à Pauline, rappelez-vous notre conversation d'hier. Vous avez besoin d'une somme de vingt-quatre mille francs... Monsieur vous l'offre... Permettez-moi de vous prêter le premier enjeu, trois mille francs. Je suis sûr qu'il ne vous en faudra pas davantage. De grâce, ne refusez pas cette occasion, et jouez, comme vous faites avec nous, chaque jour... C'est Armand, qui vous en prie par ma voix, ajoutais-je plus bas. Je veux que vous l'épousiez avant un mois. »

Pauline était rouge comme une belle cérise, et je la vis lever les yeux au ciel, en pensant sans doute à Armand. « Plaise à Dieu ! » disait-elle.

Je la pris par la main et la fis asseoir en face du baron.

« Argent sur jeu, dit celui-ci, ou je ne joue pas.

— « Argent sur jeu, répondis-je, en déposant mes billets de banque en face des siens. »

La partie commença au milieu d'une cinquantaine de spectateurs, qui tous, je crois, faisaient des vœux pour Pauline.

Le bon curé, qui m'aimait beaucoup, s'en vint me demander ce qu'il devait penser du tout cela.

« Ne savez-vous pas, lui dis-je, que mademoiselle Pauline aime M. Armand?

— « Je ne le sais que trop, me répondit-il. Ce bel amour la porte à refuser d'excellens partis, qui ne demandent pas une dot, qu'il m'est impossible de lui donner par la meilleure ou plutôt la plus mauvaise de toutes les raisons. Les parens d'Armand, au contraire, en veulent absolument une.

— « Eh bien, il ne manquera bientôt plus rien à votre chère nièce. Elle bat monnaie en ce moment aux dépens de ce goujat de baron. »

Nous étions les plus éloignés de la table de jeu, et la petite fille de madame d'Albert fendait la presse pour me rapporter mes trois mille francs. Pauline avait gagné la première partie.

Un de ces murmures de plaisir, comme j'en avais entendu parfois au théâtre avant l'explosion des applaudissemens, parcourait le salon ; toutes les autres parties avaient cessé, et l'attention augmentait de plus en plus.

« M. le curé, dis-je au digne oncle, qui ne pouvait dissimuler l'intérêt qu'il prenait au résultat de la partie, je donne ces mille écus à vos pauvres si mademoiselle Pauline gagne anjourd'hui sa dot.

— « Il ne faut pas faire de conditions à la Providence, me répondit-il.

— « Même à la Providence de l'écarté?...

il n'en faut toutefois pas faire aux pauvres, et je donne sans condition. Voilà les trois mille francs.

— « Seconde victoire ! cria-t-on de toutes parts. Mademoiselle Pauline avait quatre points et elle vient de tourner le roi. »

Le baron faisait bonne contenance et s'efforçait de sourire, en sortant six nouveaux billets de banque de son portefeuille ; mais le diable n'y perdait rien. Il prenait bien fort sur lui pour ne pas se fâcher.

Je me mis au piano et je chantai avec une verve infinie le rondo de Camille :

« Dieu des plaisirs, Dieu des amours, etc. »

J'allais le recommencer, lorsque le baron s'écria en frappant sur la table :

« J'ai perdu la troisième partie !... voyons la quatrième... maudit chanteur !

« Morbleu ! monsieur, ne pourriez-vous faire autre chose ? »

Sans lui répondre et sans trop penser a ce que je faisais, me livrant seulemeut à mes inspirations, je commençai l'un de mes airs favoris, celui d'Euphrosine :

« Minerve, ô divine sagesse,

« Dissipe une fatale erreur ;

« Viens illuminer son Altesse ;

« Rends le calme à son âme, et la paix à son cœur. »

Le choix du morceau excitait la gaieté de tout le monde, et le malheureux baron se serait dès lors fâché, si la fortune ne lui avait souri pour quelques instans : la chance lui était revenue à la dernière partie. L'ex-fournisseur avait quatre points à rien et c'était à lui de donner.

Il avait repris son assurance.

Pauline était fort abattue.

« A moi, *M. Charles*, me dit-elle. »

Je quittai le piano.

« Au contraire, dit le baron. C'est le cas de recommencer l'invocation à Minerve : il faut de la résignation quand on fait naufrage au port. Restez au piano. J'aime la musique, et je vais vous demander tout à l'heure un air, à mon choix. »

On me fit place. Je m'assis près de Pauline. Je la touchais ; elle s'appuyait sur moi; son cœur battait de force à se briser. Je ne saurais rendre l'expression du regard qu'elle me jeta en s'approchant de moi. C'était un appel à mon étoile ; c'était je ne sais quoi de plus... Oh ! je me promettais de lui donner la dot qu'elle désirait si ardemment. Quel meilleur usage peut-on faire de la fortune ?

Le baron n'en finissait pas de mêler les cartes. Il semblait se complaire dans les angoisses de la pauvre Pauline ; enfin il lui présente à couper.

« Je suis beau joueur, dit-il. J'autorise monsieur à aider son *champion* de ses conseils.

— « J'use de la permission, répondis-je, et je conseille à mademoiselle de mêler avant de couper.

— « Les grands moyens ! monsieur pourrait bien être plus fort qu'il ne parait. »

Le baron donna enfin.

Pauline avait un jeu sûr. Elle fit trois points.

« C'est votre influence qui en est cause, me dit-elle. Oh ! ne vous éloignez pas. »

Et en même temps, elle donnait et tournait le roi. Quatre à quatre.

« Oui, mais j'ai gagné, dit le baron, qui avait regardé son jeu avec une vivacité convulsive. »

Pauline était consternée.

« Bon courage, lui dis-je. C'est probablement une gasconnade de plus. Voyez vos cartes. »

Si le baron avait un beau jeu, Pauline en avait un plus beau encore. Elle ne pouvait manquer de gagner la partie.

Je fixai le baron, non pour jouir de son désespoir, mais par la prévision de quelque nouvelle impertinence, dont je ne voulais pas que Pauline eut à souffrir.

Le sort avait prononcé. Tout le monde faisait tableau autour de nous. La petite d'Albert, joyeuse du bonheur de Pauline, pliait les billets de banque et les plaçait dans le mouchoir de sa bonne amie, ainsi qu'elle nommait la nièce du curé.

Celle-ci était tellement éperdue d'émotion ou de joie qu'elle ne pouvait prononcer un mot ni faire un mouvement. Elle restait haletante à sa place.

Le baron était, lui, les regards ébétés, fixés sur les cartes, et n'en pouvant croire ses yeux.

Hors de lui, il s'écria enfin :

« Il y a du prodige là-dessous. Je devais certainement gagner cette partie. Mademoiselle est heureuse comme une... »

Je le repète, j'étais aux aguets.

Je devinai qu'elle serait la fin de la phrase du baron. Je ne le laissai donc pas achever. Je lui fermai la bouche d'une main et lui serrai la gorge de l'autre.

Pauline tombait sans connaissance ; toutes les dames s'empressaient à la secourir et l'emportaient dans un appartement voisin.

Fort heureusement la duchesse et ses filles avaient quitté un moment le salon pour vaquer aux soins nécessaires au dîner d'une aussi nombreuse compagnie.

« Monsieur ! monsieur ! s'écriait le baron à demi étouffé, cela vaut un coup d'épée.

— « C'est ce que j'allais vous dire, répondis-je. Venez vite près de la pièce d'eau dans le parc. La place est superbe.

— « M. de Luciennes, me dit le colonel d'Albert, je ne saurais vous laisser faire. C'est à moi de chasser ce malotru.

— « Pardon, colonel. Vous avez été témoin que toutes ses sottises m'ont été adressées : veuillez être présent aussi au chatiment que je vais lui infliger, et permettez moi de vous emprunter votre épée... il serait peut-être à propos de faire mettre le cheval au cabriolet de cet homme. Je ne pense pas que madame la duchesse veuille l'admettre une fois de plus à sa table.

— « J'en suis garant et je vais donner des ordres à cet égard. »

Le malheureux fournisseur avait perdu toute sa jactance devant l'indignation unanime dont il était l'objet. Il se serait, je crois, volontiers retiré à petit bruit; mais il s'efforça de faire bonne contenance et me suivit.

Il s'était fourvoyé en me provoquant; le pauvre diable n'était pas dangereux, l'épée à la main. Son embonpoint exorbitant lui donnait un air qui n'avait rien que de fort burlesque. J'éclatai de rire malgré moi et cela acheva de le désespérer.

Il me vint une idée diabolique. J'avais la robe ou l'honneur des hommes de robe, insultés dans ma personne, à venger, et je me montrai aussi vindicatif qu'on prétend que le sont mes collègues. Je me livrai à une espèce de voltige, qui fatigua beaucoup le fournisseur, et, quand je l'eus un peu désorienté, je l'attaquai avec une telle vivacité qu'il se mit à rompre, sans regarder derrière lui.

Mon but était atteint.

« Prenez garde, M. de Luciennes, me dit le jeune d'Albert... Prenez garde, vous poussez le baron dans la pièce d'eau, et vous allez le noyer. Vous ne sauriez cependant vouloir la mort du... *pêcheur*... »

(Le malheureux joueur s'était vanté de ses grands talens pour la pêche, le matin à déjeûner, et nous avait fait un long discours sur la supériorité de la pêche comparée à la chasse.)

M. d'Albert avait parlé trop tard. Le baron était en effet tombé dans la pièce d'eau et y barbottait de la manière la plus bouffonne, en criant comme un diable. Valli et son domestique allèrent à son secours.

Monsieur d'Albert et moi nous prîmes la fuite en riant à l'envi. Deux minutes après, nous étions à table et tout le monde partageait notre gaieté. Nos dames eurent même la malice de se mettre à la fenêtre pour voir partir le pauvre baron, qui se cachait autant qu'il lui était possible, au fond de son cabriolet.

« Tout est au mieux, dit le colonel : le voilà plus léger de vingt-quatre mille francs. Cela nous exemptera, je l'espère, de son voisinage; il ne sera plus en position d'acheter la terre qu'il désirait, et la honte, qu'il ne peut manquer d'éprouver, le portera à s'éloigner du pays. »

Bientôt Pauline épousa son cher Armand.

CHAPITRE XXXVII.

« La vie se passe en attendant que le calme et la sagesse arrivent. »
(Mémoires de madame MERLIN, 1ᵉʳ vol. p. 115.)

Ma vie était fort vagabonde. Dès que je pouvais m'échapper pour huit jours, je courais trouver Hélène à Paris, et j'en repartais sans la prévenir; j'allais voir mon petit Fernand à Poitiers et c'était a grand'peine que je cédais aux instances de ma tante pour ne pas le lui enlever. Je sollicitais d'être placé à Paris : l'on m'ajournait à des temps plus paisibles.

Emmeline croissait et s'avançait dans la vie toute frêle et délicate, pleine d'intelligence et de distinction : nul enfant n'eut des cheveux plus blonds, plus fins, un teint plus pur, un front mieux développé

Elle ne quittait que fort rarement le Mazzolino ; sa santé s'y fortifiait autant que possible. J'avais fait faire pour elle, par le premier carrossier de Paris, une petite calèche, vrai prodige d'art et d'élégance. Valli y attelait ses deux dogues, et Emmeline se promenait ainsi, toute fière et heureuse, dans les belles allées sablées du jardin, au milieu des fleurs. C'était un équipage unique. Mes chiens semblaient sentir combien leur responsabilité était grande, et ils évitaient le moindre obstacle pour les roues de la calèche; Valli s'amusa plus d'une fois à conduire ainsi sa petite protégée chez la duchesse et autres grandes dames, enthousiastes de la gentillesse tout originale et aristocratique de ma fille. Emmeline était fort à la mode à N***.

Madame de Saint-Joseph avait pris le voile, prononcé des vœux tels quels, et était devenue supérieure de l'institution du *sacré cœur*. Elle eut bientôt plus de deux cents pensionnaires, des premières familles du pays. Elle me semblait s'occuper beaucoup plus de politique que de religion et d'éducation; elle m'étourdissait de ses recommandations et j'avais fort à faire pour conserver mon libre arbitre. Je lui cédais par fois, parce que je la trouvais fort belle. Je le lui disais et elle ne se fâchait pas. Je tremblais d'en devenir amoureux. Je le lui disais encore, et elle souriait. Oh! ces jésuites, hommes ou femmes!... Serais-je mort de cet amour-là?... Quoiqu'il en soit, je n'eus bientôt plus le temps d'y penser.

Je reçus une double dépêche de Bordeaux.

« Je m'ennuyais à mourir ici. m'écrivit M. de Marilly. J'étais tenté de déposer, à votre exemple, mon épée dans le temple de la paix. La comtesse devenait, de jour en jour plus maussade et difficile à vivre, mes aides de camp me semblaient de plus en plus fats et ridicules; enfin nous étions, à l'envi, mécontens de notre position, lorsque la pensée m'est venue de demander le commandement vacant de *votre* division, mon cher Charles.

« Le ministre me l'a accordé et je lui en sais gré.

« A la vérité, cette bonne nouvelle a fait succéder chez moi l'orage au calme plat. Du moins est-ce un sujet de conversation et nous en manquions tout à fait. Madame de Marilly baillait et ne parlait plus... Maintenant elle peste et pleure; elle détestait Bordeaux : elle ne veut plus en quitter, et proteste qu'elle ne me suivra pas à N***.

« Sur mon honneur, je suis bien tenté de la prendre au mot. Nos dîners n'en seraient pas moins gais et nous *ressasserions* plus paisiblement nos souvenirs militaires.

« Mais je crois avoir fait un mal infini *à ma cousine* en l'épousant, et je lui dois des procédés. J'ai remarqué que ce n'était qu'avec vous que Fernande savait causer, sauf à vous contredire constamment, et je veux, à tout prix, la sortir, fut-ce à vos dépens, du marasme qui la menace.

« Obligez-moi donc, mon cher, de lui faire une belle lettre, amplificative des charmes et des agrémens de N***, de la douceur du climat et des mœurs des habitans, de son beau ciel bleu, comme disent les Napolitains: du gout prononcé que l'on y a pour les arts; n'oubliez pas même le chant des oiseaux, et le spectacle, n'y eût-il que des marionnettes. »

(« Le texte est superbe et je m'en rapporte à vous pour la broderie.)

« Je n'ai d'autre intérêt que d'avoir à la tête de ma maison une femme fort distinguée sous le rapport de l'esprit et de la beauté; j'y tiens, et conciencieusement je ne dois pas laisser Fernande aller s'ensevelir, comme elle m'en menace, dans sa terre en Touraine.

« Pour vous même, mon ami, vous êtes fort intéressé sans vanité à notre établissement près de vous à N***, si ce que vous m'écrivez est vrai. Vous n'avez ni femme ni maitresse, si je dois vous en croire, et vous passez tout votre temps avec votre ami Senneville, le nouvel évêque de N***, ou dans les occupations de votre état.

« Vous tomberiez, à ce train-là, dans une mélancolie non moins profonde que celle de madame de Marilly, et je ne dois pas le souffrir. Je vais aller vous égayer, moi, à charge à vous d'égayer ma femme. Je veux descendre chez vous avec toute ma maison, pour mieux atteindre mon but ou y marcher de suite, et si je mets votre hôtel au pillage pendant un mois, votre place sera marquée, retenue chez moi pour toute votre vie.

« Écrivez à Fernande sans aucun retard.

« P. S. Entre nous, faites en sorte de pouvoir me donner des renseignemens précis et cathégoriques sur les femmes aimables du chef-lieu de ma division. J'ai eu une maîtresse adorable ici, et son départ est ce qui m'a rendu Bordeaux insupportable. »

Fernande m'écrivait aussi par le même courrier.

« Ma vie est toute de sacrifices et d'abnégation. Je vegétais paisiblement à Bordeaux. L'extrême légèreté de M. de Marilly le porte à vouloir encore changer de lieu. Je fais partie de *sa maison* et il exige que je le suive. Mon lot est de toujours obéir, autrefois à mon père, aujourd'hui à mon mari.

« Ton ancien général t'aime beaucoup et nous allons descendre chez toi, Charles. Chez toi!...

« Tu sais sans doute par M. de Marilly lui-même quelle doit être la distribution de nos appartemens.

« Je te recommande particulièrement le mien, qui doit être aussi celui de ma fidèle Marguerite. Quant à toi, tu ne dois pas reposer sous le même toit que Fernande. Ai-je besoin de te le rappeler?

« Je devine que M. de Marilly t'engage à m'écrire. C'est inutile, je suis résignée.

« Fernand se porte bien. »

J'eus bientôt tout fait préparer, et je pus recevoir mon général et son monde.

M. de Marilly, malgré ses quarante ans, était, par continuation, plus étourdi que ses aides-de-camp.

Fernande était plus belle que jamais. Sa démarche, sa taille étaient d'une noblesse incomparable, et son regard irrésistible. Elle semblait sure de son empire et ne supportait pas qu'on la fixat. Sa fierté ne permettait pas même aux deux jeunes gentilshommes, aides-de-camp du général, de lui offrir le bras ou la main. Elle s'appuyait tout au plus sur eux, à la manière des princesses de la famille royale sur leurs écuyers ou chevaliers d'honneur.

Moins cérémonieuse avec moi, à la vérité, elle me prit le bras pour que je la conduisisse à son appartement.

Elle voulut bien s'en montrer satisfaite, après avoir regardé de toutes parts, jusqu'aux cloisons et aux parquets.

Je devinai ses appréhensions.

« Ne crains rien de ton sylphe, ma Fernande, lui dis-je : ton mariage lui a coupé les ailes... Vois plutôt le portrait de ton fils, que j'ai reçu de ma tante tout récemment. Qu'il est beau ! il semble te sourire.

— « Oh! merci, merci, me dit-elle en m'arrachant la jolie miniature. C'est pour moi que madame Delmar l'a fait faire. Elle comprend le cœur d'une mère. Ce portrait là ne me quittera plus... Vois-tu, ma bonne Margueritte, dit-elle à la vieille, qui nous accompagnait et qui se tenait en extase elle-même, à la vue de mon petit Fernand.

« Où est ta chambre, à toi, Charles ? reprit madame de Marilly.

— « Tu devines que *ce serait* celle-ci à N***; mais je couche constamment à la campagne. Tu entendras ma voiture partir, chaque soir, à l'heure où tu te retireras. Je n'ai pas oublié tes ordres.

— « C'est bien, mon ami. »

Je rejoignis le général.

« Excusez-moi, lui dis-je, de n'avoir pu vous introduire ici moi-même.

— « Je causais avec cette vieille moustache de Waterloo. J'ai reconnu votre Valli, comme vous l'appelez. Sa vue me réjouit d'autant plus que je n'ai autour de moi que des conscrits. Eh bien qu'avez vous fait de madame de Marilly ? Est-elle contente de son apparment ? Vous a-t-elle dit : *C'est bien*.

— « Oui, mon général.

— « Je vous en félicite. Il faut que *cela* soit au mieux, car elle n'est pas prodigue d'éloges. Continuez, mon cher, et soyez-moi en aide. Je vous sais bonne patience, et vous avez ici la plus belle occasion de la mettre à l'épreuve... Quant à moi, je n'ai rien de mieux à faire que de m'en rapporter à vous.

« N'allez pas prendre mon excès de confiance en mauvaise part. Je vous crois, au contraire, plus dangereux qu'aucun pour un honnête mari; mais si nous ressemblons, vous et moi, à tout le monde, Fernande ne ressemble à personne, et je la *déclare* incapable de prendre un amant... Qu'en dites-vous ? voyons, en toute franchise.

— « C'est une question qu'il doit être fort délicat de traiter avec une femme aussi belle, aussi imposante. Je m'y risquerai d'autant moins, que je tiens, avant tout, à conserver sa bienveillance et votre amitié.

— « Bravo, mon cher. Parlons au surplus d'autre chose, et de ma femme le moins possible. Je me trouve déja tout heureux chez vous. Ce mot d'amitié est magique pour moi, et n'est pas un vain son dans votre bouche. Je me rappelle le passage du Bober et votre bon cheval que vous me forçates à accepter. J'eus tort : c'est un trait d'égoisme que je me reproche. Vous me parlates de ma famille, de madame de Marilly elle-même. Je vous en tiendrai compte, si l'occasion s'en présente. A Bordeaux, je n'avais d'autre intimité qu'une maîtresse; ici, j'aurai un ami, ce qui vaut davantage. Il faudra bien aussi que je trouve quelque folle qui m'écoute.

— « Vous en trouverez cinquante.

— « J'en accepte l'augure. Vous même, quoique vous m'ayez écrit... hein ?

— « J'ai tout perdu.

— « A ce jeu-là, qui perd gagne... Conduisez moi faire visite à madame de Marilly. Les convenances veulent que je sache au moins la route de son appartement. C'est sans conséquence. Puis. vous lui donnerez la main pour descendre dîner. »

La chambre que j'avais fait préparer pour Fernande était d'une magnificence royale, tendue en satin et distribuée d'après mes souvenirs de la sienne à Tours.

Les aides-de-camp savaient mes anciens services auprès du général. Leurs manières étaient donc fort satisfaisantes à mon égard, nonobstant l'espèce de dédain des militaires pour les hommes de robe.

Fernande me fit compliment sur l'ensemble de la tenue de ma maison.

« Je me suis rappelé tes goûts, lui dis-je : ils sont maintenant les miens. Tu avais tort d'éprouver de la répugnance ou de la crainte à venir habiter N***. Tu sais déjà que mon amour n'est pas dangereux pour ton repos actuel. Ton *Charles* d'autrefois ne sera pour toi qu'un serviteur soumis, dévoué. Je mets tes exigences au défi. Ai-je besoin de te dire que tu n'as pas, que tu ne te connaîtras pas de rivale?

— « Ah!... s'écria-t-elle, comme involontairement. Mon ami, épargne-moi... et Fernand?... J'en parle sans cesse avec Marguerite.

— « N'auras-tu pas plaisir à en parler aussi avec moi? Fernande! notre enfant est un lien que rien ne saurait rompre entre nous.

— « Oui, tu dis vrai. Aussi s'il avait dépendu de moi, sois-en persuadé, je t'aurais suivi au théâtre plutôt que de t'être infidèle.

— « Toi, au théâtre !... repris-je en riant, tu es bien grande dame pour cela. Tu dédaignes jusqu'à la magistrature.

— « Tu es donc content de ton état ?

— « Il est superbe, car on y peut faire un bien infini ; et, quelque amovible que je sois, tout le monde te dira si j'agis en pleine indépendance.

— « Il se peut.

— « L'indépendance est dans le cœur, et l'honnête homme la conserve, quelleque soit sa position. J'ajoute que le pouvoir ne me demande rien de contraire à l'honneur, et que les nombreuses bassesses, qui ont pu t'indigner de la part de quelques fonctionnaires, sont presque toutes spontanées. Ces pauvres gens jugent des grands par eux-mêmes et vont au-devant de leurs désirs présumés. Rien de plus facile que de rester irréprochable dans les emplois quelconques. On n'y est pas même tenté de mal faire. Nul ne vous y invite, ne vous y pousse. Ma Fernande, fais moi ministre, si tu le peux, par toi-même ou par M. d'Arbois. Les grandeurs me plaisent, m'amusent, et je ne négligerai aucun moyen honnête d'y parvenir. Je rêve de la députation, tel que tu me vois, et je me crois certain d'y arriver, aussitôt ma quarantième année révolue. Je l'attends sans impatience, et je fais des discours au palais de justice à N***, ne pouvant encore en faire au palais Bourbon à Paris. Je suis maintenant dans l'âge de l'ambition. Mieux valait toutefois, j'en conviens, celui où tu m'aimais. Non que tu ne sois plus aussi belle ;

mais ma Fernande, jeune fille, valait encore mieux que madame de Marilly, parcequ'elle était toute à moi. Aussi le procureur-général d'aujourd'hui donnerait-il l'immense fortune que son oncle lui a laissée, pour redevenir le comédien à cinq cents francs par mois, amant de Fernande et lui portant, chaque nuit, un bouquet. »

La grande dame était émue; son beau bras, appuyé sur le mien, était frémissant d'indignation ou de tout autre sentiment; elle écoutait sans se fâcher, sans m'interrompre, se contentant d'approuver ou d'improuver *in petto*, rompant parfois la conversation pour parler de la pluie et du beau temps, ou me congédiant, en me laissant baiser sa main brûlante.

Et cela se renouvelait, chaque jour, aussi bien à l'hôtel de Marilly, où bientôt mon général fut établi, que d'abord chez moi.

J'allais souvent seul avec Fernande en calèche faire visite à madame d'Albert, à son château. Les deux jeunes aides-de-camp nous suivaient parfois à cheval et ne troublaient en rien nos entretiens, tant Fernande ne semblait pas même les apercevoir.

Un jour, nous nous promenâmes pendant trois heures, dans le jardin de l'hôtel de Marilly, par un fort beau soleil d'hiver, tournant toujours dans un espace assez étroit.

Fernande m'avait pris le bras, selon son habitude, et ne changea pas, à bien dire, de position, pendant tout le temps, marchant les yeux baissés ou me fixant d'un regard d'aigle, et me laissant parler en toute tranquillité.

J'y prenais un plaisir infini, m'étant mis à lui rappeler la journée entière passée avec elle, dans sa chambre à Tours. Je n'en finissais pas sur mille détails délicieux, et j'en vins à lui chanter, *mezza voce*, l'air d'Azor, qui l'avait touchée, en dépit d'elle-même, en m'entendant au théâtre, le lendemain.

Elle avait repris, je crois, son visage de jeune fille et m'écoutait avec bonheur.

Une visite la força à rentrer.

« Ah! s'écria-t-elle, j'étais à Tours et bien heureuse !... Charles, reviens, ce soir.

Je montai chez le général.

« Parbleu! vous êtes un homme admirable, me dit-il ; vous ne vous doutez pas que je ne vous ai pas perdu de vue, pendant que vous vous promeniez là-bas, le long du mur, avec madame de Marilly. Je ne pouvais vous entendre en aucune façon ; mais je n'ai pas perdu un de vos gestes, et vous avez constamment parlé. Ce devait être un récit, une histoire, une histoire intéressante, Fernande vous fixait de temps en temps. Vous ne lui parliez pas d'amour, car elle se serait fâchée ou eut fait quelque autre démonstration en sens contraire, qui m'aurait frappé.. Je donnerais ma fortune pour savoir ce que vous lui contiez ainsi.

— « C'étaient des souvenirs tout personnels, et madame de Marilly a l'extrême bonté d'écouter mon radotage.

— « Grand merci, en tout cas, de l'occuper ainsi. Sans vous, l'ennui rendrait ma femme d'une humeur détestable... Vous allez me devenir d'autant plus précieux à cet égard. Je reçois enfin l'annonce de la faveur que je sollicitais depuis un mois. Je vais commander une division de l'armée que M. le duc d'Angoulême conduit en Espagne pour sortir Ferdinand VII des mains de ses heureux sujets.

— « Oh ! mon Dieu !...

— « Ne tremblez pas pour moi, mon ami. Vous n'avez pas fait la guerre en Espagne ; autant que je me rappelle ; mais je connais, moi, la canaille des Hidalgos, et je me charge, avec quelques sabreurs comme votre Valli, de mettre en déroute la brigade entière des gardes Wallonnes. Nous serons *flanqués* des braves de l'armée de la foi, de ces héros en guenilles, à l'aide desquels nous mettrons facilement à la raison ces coquins de libéraux, qui prétendent faire un roi constitutionnel malgré lui. Mission noble et généreuse, s'il en fut !...

« Entre nous, c'est horreur et pitié, et nous mériterions d'être écharpés ; mais cela n'est pas possible.

« Je vous prie de croire que ce n'est pas le moins du monde pour Ferdinand VII que je vais en Espagne ; cet excellent prince a de magnifiques *sujettes*, et je brule de retrouver les filles ou les nièces des andalouses, qui m'ont distrait, il y a seize ans, de mes inquiétudes conjugales. S'il faut tout vous dire, il est aussi fort à propos que je m'absente de N*** pour quelque temps. La femme du payeur et celle de l'un de vos présidens *se disputent mon cœur*, comme dit Figaro, et je crains un duel entre elles. Toutes les deux m'accusent de perfidie et, bien plus, de quelque chose, qu'elles voudraient et ne sauraient cacher à leurs maris, qui n'y sont cependant pour rien...

« Il faut à toute force que j'aille cueillir des lauriers à Cadix.

« Je sais bien qu'il n'est pas généreux de laisser *ses alliés* dans l'embarras; mais, ma foi, en fait d'amour, sauve ou se sauve qui peut, et c'est la faute des femmes si elles n'attachent pas assez d'importance à ce qui en a une immense pour elles. Notre lot est de les obtenir, comme dit encore Beaumarchais; le leur est... de se garantir.

— « Madame de Marilly sait-elle votre projet ?

— « Non, mon cher, et je compte sur vous pour le lui annoncer. Je m'attends à des reproches, à des cris, et je n'y saurais tenir. Nous serons d'autant moins d'accord, cette fois encore, que je veux qu'elle reste à N*** en mon absence. J'ai obtenu qu'on me conservât mon commandement ici, et dès lors il faut que ma femme réside, à mon défaut, pour recevoir et donner des fêtes. Vous ordonnerez cela le mieux du monde et jouerez le mari aussi bien que moi-même. Quant à jouer l'amant...

« Si le sort commun m'est réservé, ayez l'obligeante franchise de m'en écrire quelques lignes de faire part, et je m'engage d'honneur à me faire tuer, fussé-je le seul, sous les murs de Cadix, non par désespoir, mais par dévouement pour *ma cousine*, à qui je ne dois pas moins, pour avoir eu la bêtise, je tranche le mot, de l'enlever à quelque amant, qu'elle adorait sans doute, car elle n'a jamais pu me supporter.

— « Mon général, que me dites-vous donc ?

— « Je vous dis de la vérité bien vraie, et de la philosophie de première classe. Je vous défie de trouver rien de plus rationnel dans tous les gros livres de votre bibliothèque, que vous ne lisez sans doute pas plus que moi, tant ils sont peu amusans, et tant des hommes comme nous ont peu à apprendre, lorsqu'ils ont passé trente ans.

« Oui, mon cher, si vous êtes assez heureux ou malheureux, je ne sais pas bien lequel, pour vous faire l'amant de Fernande, je persiste à vouloir me faire tuer, pour lui procurer les douceurs du veuvage, et, à vous les douceurs d'un autre genre, mais que je ne connais pas, du mariage. Encore ne suis-je pas sûr... Ce sera à vous de vous arranger. Je ne me charge pas de vous léguer le bonheur *sans nuage* de la chanson. Vous n'aurez toutefois, rien à m'envier. »

Je m'échappai inquiet, et plutôt fâché que content de ce que je venais d'apprendre.

Je n'allai pas, le soir, chez Fernande.

Elle m'écrivit, dès le lendemain au matin, le billet le plus pressant pour que je me rendisse chez elle.

« Charles, me dit-elle en m'apercevant, il me faut un nouveau sacrifice, une nouvelle abnégation de volonté de ta part.

— « Parle.

— « M. de Marilly part pour l'armée d'Espagne, et exige que je reste ici, en son absence. Dès-lors tu n'y peux rester toi-même. Il faut que tu reprennes l'uniforme et redeviennes l'aide-de-camp de ton général.

— « Ma Fernande, je ne connais pas de guerre plus inique, plus impie, que celle que la France va faire à une malheureuse nation, pour rétablir le gouvernement despotique du plus *triste*, si ce n'est, du plus méchant des princes, qui ont occupé le trône des Espagnes.

— « Que nous importe ? C'est affaire aux rois.

— « Non. C'est malheur aux peuples...

Je ne m'y prêterai en aucune façon. Je suis sur cet article d'un libéralisme à te désespérer.

— « Tu blâmes donc M. de Marilly d'aller prendre part lui-même à cette guerre ?

— « M. de Marilly est militaire et doit obéir à ses supérieurs.

— « C'est lui qui a sollicité le commandement d'une division active.

— « Il ne m'appartient pas de juger ses raisons.

— « Cette discrétion n'est pas pardonnable à un ami : tu dois le dissuader ou le suivre.

— J'ai vainement tenté de le dissuader.

— « Quels sont donc ses motifs ?

— « ..... Un fol amour de la gloire. M. de Marilly se sent appelé aux plus hauts grades de l'armée, et il ne veut rien négliger pour y arriver.

— « Tous moyens ne sont pas légitimes pour arriver à un noble but. Toi-même l'as souvent professé, et il n'est pas naturel que tu ne combattes pas plus fortement une résolution blamable... Charles, l'absence de ton général te donnerait-elle de coupables espérances ? Tu me connaitrais bien mal ; tu te tromperais complètement.

— « Ma Fernande, tu sais le mot des italiens : « *Molto bramo, nulla chiedo, nulla spero.* »

— « J'embrasse tes genoux.

— « C'est le seul refus que tu éprouveras de moi. Pardonne mon amour de la liberté, que je ne souhaite pas moins à l'Espagne qu'à la France. Pour toute autre guerre, je solliciterais de faire encore une campagne ; mais il s'agit de remettre un pauvre peuple, pieds et poings liés à un abominable roi... Je ne puis malheureusement m'y opposer, ou je suis trop égoïste pour aller combattre dans les rangs des constitutionnels... Je m'en tiens à la magistrature.

— « Adieu, Charles. »

Fernande me quitta fâchée.

Nous étions dans le salon, en face de son portrait. Au lieu de m'en aller, je m'avisai de m'asseoir pour donner carrière à mes pensées.

Fernande rentra et me vit, les yeux fixés sur son image chérie.

« Charles, me dit-elle avec sa vivacité ordinaire, je me donte du motif qui porte M. de Marilly à quitter N***, en ce moment... Tu le sais positivement, toi. Dis le moi.

— « Je ne sais rien, lui répondis-je, d'un sang-froid glacial.

— « Je t'ordonne de parler, par le souvenir de tout ce que tu me dois, de tout ce que j'ai souffert pour toi, par toi, par l'amour qui qui me dévore encore peut-être.

— « Ma bien-aimée, foule moi à tes pieds, puisque je te désobéis... *Je ne sais rien.*

— « Tu es un honnête homme. Ah! je mourrai du regret de n'avoir pas porté ton nom. »

Elle sortit de nouveau.

Les folies du général étaient publiques à N***, et Fernande ne pouvait les ignorer. Elle n'y attachait sans doute aucune importance, et c'était une épreuve qu'elle me faisait subir.

Je ne fus nullement tenté d'y succomber. Je ne connais pas de plus grande bassesse que de chercher à arriver au cœur d'une femme, en lui parlant des torts de son mari. Fi de pareils moyens ! que le monde, surtout en fait de galanteries, ne soit qu'une guerre ouverte et incessante, celle-là me semble devoir être plus loyale qu'aucune. Si une femme d'esprit ne perdait elle-même la tête en affaires de cœur ou d'amour-propre, elle repousserait avec indignation le misérable, qui, ne pouvant plaire par lui-même, a recours à la médisance. Cet homme-là est incapable d'un amour vrai.

CHAPITRE XXXVIII.

« Le matin de la vie appartient aux amours :
« Vers le soir, de l'hymen empruntons le secours. »
(De Brévan, le Séducteur, comédie.)

Je fus un jour entier sans voir Fernande.

Cela n'était pas naturel, et je reçus bientôt un billet pour m'enjoindre de me rendre chez elle.

« Accours, m'écrivait-elle. Je ne te presserai plus de partir, ni de t'expliquer sur les motifs de M. de Marilly de s'éloigner. J'ai découvert, en y pensant bien, un moyen sûr de te conserver sans danger près de moi. »

Je fus contrarié, en entrant à l'hôtel, d'y trouver avec Fernande une jeune femme, que madame de Marilly avait prise en une espèce de passion.

Mademoiselle Adèle de Lelay, fille du directeur des domaines à N***, était une toute petite personne fort jolie, merveilleusement bien faite, et excellente musicienne. Je n'ai pas connu de plus forte pianiste : aussi s'exerçait elle sept ou huit heures par jour, et prenait-elle leçon de tout nouveau professeur, qui se présentait à N***, au moins jusqu'à ce qu'il lui fut démontré qu'elle était plus habile que l'artiste lui-même.

Sa toilette était toujours d'une élégance recherchée, aussi bien à son lever, je crois, que le soir au salon de son père, dont elle faisait les honneurs avec l'aisance d'une femme de trente ans.

Mademoiselle Adèle n'en avait pas vingt.

Elle se posait toujours comme pour se faire peindre, les plis de sa robe non moins réguliers que les boucles de ses cheveux, et la symétrie de toute sa personne était parfaite.

C'était au total une poupée fort mignonne et assez mignarde, que j'avais remarquée dans le monde.

J'estimais infiniment son talent musical.

Je ne parlais à Fernande que d'elle-même et de son fils et beaucoup plus du passé que du présent, de sorte que je ne lui avais pas fait la moindre observation sur ses relations quotidiennes avec mademoiselle Adèle.

Je l'écoutais volontiers au piano ; j'y chantais avec elle, si madame de Marilly me l'ordonnait ; mais j'attendais toujours avec impatience le moment de son départ.

Je pensais que les airs de princesse, que conservait constamment mademoiselle de Lelay étaient ce qui plaisait en elle à Fernande, et, peu caustique ou médisant, je n'y trouvais rien à reprendre.

Cette jeune personne n'était à N*** que depuis deux ans, et mes soins pour l'éducation de ma petite Emmeline et mes assiduités auprès de Fernande absorbaient toutes mes pensées et mes momens.

Je savais tout, au plus que M. de Lelay n'avait d'autre fortune que sa place ; que sa femme ne s'occupait nullement de sa maison, et que la faiblesse de cet honnête homme pour les fantaisies de sa fille était extrême.

Les artistes affluaient chez lui, et il leur tenait, à bien dire, table ouverte : Mademoiselle Adèle en était enthousiaste.

Elle était un peu moins *collet-monté* à mon égard qu'à celui du commun des humains, parce qu'elle trouvait que j'avais moi-même quelque chose d'artistique, et je lui en savais bon gré; mais, je le répéte, sa gentillese, toute apprêtée, toute théâtrale, ne parlait qu'à mes yeux. Mon cœur était fort paisible, quelque près d'elle que je fusse assis pour jouer des morceaux de piano à quatre mains, et je m'étais même dit, je crois, que je n'aurais pas été satisfait de voir ma petite Emmeline lui ressembler.

Madame de Marilly avait pris ses mesures pour passer cette soirée seule avec nous deux.

Le général était à ses affaires et elles

étaient fort compliquées ; les aides-de-camp et tout visiteurs étaient consignés.

Fernande semblait en proie à un accès de fièvre et s'effaçait tout à fait au bénéfice de mademoiselle Adèle, qui, comme d'habitude, occupait très volontiers le premier rang.

Madame de Marilly s'efforçait de faire briller sa jeune amie et s'extasiait en éloges sans fin sur un trait d'esprit ou de chant.

Je n'y comprenais rien encore et ne concevais pas que Fernande m'eut convoqué exprès pour admirer ce que j'avais déjà vu et entendu maintes fois sans admiration.

Mademoiselle de Lelay nous quitta enfin.

« Assieds-toi là, me dit Fernande, en me désignant un fauteuil près d'elle. Je conçois, mon ami, que tu puisses souvent être fort mécontent de mes exigeances, Accuses-en M. de

Marilly, *ton général*, comme tu l'appelles encore, qui s'est avisé de venir t'imposer ici le fardeau de son amitié et par contre-coup, celui de ma présence. Il te fait probablement le confident de ses folies, car il est indiscret par merveille, et moi, je souffre d'une position inouïe et que tu ne saurais me refuser d'alléger.

« Tu m'as refusé de t'éloigner... Tu ne saurais me refuser de te marier...

— « Se peut-il ! m'écriai-je, y as-tu bien pensé !

— « Oui, Charles. Je m'y suis condamnée.

— « J'en ai grand regret, ma Fernande ; mais, sur ce point encore, je ne saurais t'obéir.

— « Pourquoi ?

— « Pour mille raisons.

— « Entre autres ?

— « Tu te trompes toi-même à cet égard : mon mariage ne te rendrait pas heureuse.

— « Il mettra du moins une barrière de plus entre nous, et il ne saurait y en avoir assez... Sans doute, après le départ de M. de Marilly, je puis moi-même quitter N*** et aller vivre chez ma tante à Bordeaux, n'est-ce pas ? Eh bien, m'éloigner de toi est au-dessus de mes forces. J'ai besoin de ton amour, s'il faut te le dire... Je veux donc que tu te maries sans amour toi-même, et je sais bien que tu n'aimeras pas tout ce qui ne sera pas Fernande. La vertu vit de sacrifices : tu ne dois rien me refuser.

— « Tu te trompes, je le répète, ton cœur t'abuse... Je ne me marierai pas. Ne pouvant vivre pour Fernande, je vivrai pour son fils.

Et puis, je fais élever, à ma campagne, une enfant bien frêle, que le moindre orage peut abattre. Sa mère me l'a confiée, à son lit de mort, et je veille sur elle avec amour... Je ne veux pas céder à d'autres sentimens.

« Si je t'aime, Fernande, c'est malgré moi. Je conçois ta délicatesse. La mienne aussi maîtrise mes sentimens, en partie du moins... Oui, madame de Marilly ne doit pas avoir d'amant, pas même son premier ami... Mais que j'aille jurer à froid, à faux, aux pieds des autels, d'aimer uniquement une autre femme... Non je ne saurais mentir. Ne m'en parle pas.

— « Viens demain, à midi. Tu me conduiras à ta campagne. Je veux voir cette *petite orpheline.* »

J'étais contrarié de cette entrevue. Fernande ne pouvait manquer de comprendre qu'Emmeline était ma fille. Je ne pouvais moi-même ne pas le lui avouer.

Mon excellent Valli avait facilement reconnu depuis longtemps que madame de Marilly régnait despotiment sur moi. Aussi lui montrait-il le même respect, la même *subordination* qu'il avait eus pour Rachel.

Aussi encore fut-il surpris quand, en arrivant au Mazzolino avec Fernande, je le chargeai de dire à Babet d'amener Emmeline. Il me fit répéter, ne pouvant en croire ses oreilles.

« Madame la comtesse désire voir Emmeline, lui dis-je. »

Je n'avais que peu ou point parlé du Mazzolino, chez M. de Marilly, parceque je craignais que le général ne voulut s'en servir pour ses folies amoureuses et que Fernande n'y rencontrat Emmeline.

Fernande regardait de toutes parts mon beau Mazzolino, et elle s'arrêta d'instinct au bosquet de Rachel.

Elle s'assit sur le monticule.

« On est bien ici! me dit-elle. J'y voudrais rester.

— « La maison n'est pas suffisante pour toi, et elle est trop isolée. Sans cela, je t'offrirais d'y passer la belle saison. J'en serais quitte pour coucher à la ville. J'achetai ce jardin et sa maisonnette, à mon arrivée dans ce pays.

— « Ce bosquet me plait. Il a quelque chose d'un tombeau : un cœur brisé s'y trouve à l'aise... C'est ici que je veux attendre ton Emmeline.

La petite arrivait en courant, et je ne fus pas peu surpris de la voir se jeter dans les bras de Fernande. Elle la connaissait pour l'avoir vue chez madame d'Albert, où elle en avait reçu mille caresses.

Fernande était en proie à deux sentimens qui se combattaient en elle ; une extrême répulsion pour ma fille et sa bienveillance première pour une enfant qu'elle avait aimée avant de savoir qui elle était.

Elle presse Emmeline dans ses bras en la couvrant de larmes et de baisers. Puis, se tournant vers moi : « *Ton souvenir a dominé ma vie*, me disais-tu !.. Oh ! c'est moi seule qui ai souffert et constamment... »

Reprenant empire sur elle-même, elle ajouta :

« J'aurais cru que cette enfant appartenait à madame d'Albert.

— « Tu as pu y être trompée facilement, aux bontés de la duchesse pour Emmeline. Je la lui fais conduire trois fois par semaine, et c'est d'elle seule que ma fille a appris en jouant, un peu de grammaire, de géographie, de dessin et de musique.

— « Eh bien, il faudra la faire amener aussi chez moi. Je continuerai l'œuvre de madame d'Albert, et *Adèle m'y aidera*. Je l'attends demain à midi. »

En apprenant à madame de Marilly l'existence d'Emmeline, j'avais voulu lui opposer une raison sans réplique contre sa fantaisie de me marier, et je lui avais causé une peine infinie sans la dissuader le moins du monde.

M. de Marilly partit, le soir même, pour la frontière d'Espagne. Montant en voiture, il me dit, en me montrant Fernande, placée à sa fenêtre ;

« A votre garde, mon cher, et *le reste*... à la garde de Dieu...

— « Mon général, je suis tenté de partir avec vous.

— « Non, morbleu ! vous me mettriez fort en peine. moi et tant d'autres, car j'ai écrit une circulaire à mes *Arriannes*, pour qu'elles ayent à s'adresser à vous, en cas d'embarras extrême.

— « Je ne suis pas de force.

— « Pardon. Vous ne vous connaissiez pas vous-même : vous êtes un homme sùr, précieux.

— « Je crains bien de n'être qu'un sot.

CHAPITRE XXXIX.

« Ne crede puellis. »
(Ovide.)

Je raconte, je ne cherche pas à me justifier.

Loin de là, je sens si bien qu'il y a fort à dire contre mon inconcevable faiblesse, que j'avoue être au moment le plus pénible de ces miennes confessions. Vraiment, à mon égard au moins, il y a des jours où l'homme le plus imbu de la volonté de bien faire, de se conformer aux règles de la saine raison, de vivre tout au moins innoffensif, de ne blesser en rien les êtres qu'il aime, agit cependant en vraie machine, jouet du caprice le plus absurde et le plus bizarre. Oh! pitié de nous, pitié de moi.

En entrant chez Fernande, le lendemain, je trouvai Emmeline enchantée, recevant une leçon de piano de mademoiselle Adèle, et celle-ci, professant avec une grâce, une douceur particulière, vantant avec emphase l'intelligence et les dispositions de ma fille.

Madame de Marilly contemplait ce tableau, toujours rougissant et pâlissant, et me l'indiquait du regard comme quelque chose de merveilleux.

Babet elle seule ne semblait nullement enthousiasmée. Fidèle à sa consigne, dont elle avait fait part à Fernande, à l'extrême surprise de celle-ci, elle ne perdait pas Emmeline de vue, comme si elle lui avait semblé en danger.

Le bruit du piano nous permettait de causer sans être entendus.

« Dis-moi, Charles, me dit madame de Marilly : où as-tu pris cette gouvernante pour *ton* Emmeline ?

— « C'est madame de Saint-Joseph qui me l'a donnée.

— « Comment cela ?

— « Je suis fort heureux à cet égard : je rencontre nombre de bonnes gens qui m'aiment, peut-être parce qu'ils reconnaissent que, moi aussi, je suis susceptible d'un dévouement absolu. Il n'y a que toi, ma Fernande, qui ne me payes pas de retour, quoique tu en dises.

— « *Ton général* t'a-t-il autorisé à me faire la cour ?... Je l'en connais capable, tant il est frivole et insouciant. Réponds-moi *oui*, Charles, et je te rends amour pour amour.

— « Tu sais bien que je ne peux pas traiter ce sujet.

— « Cesse donc, et regarde là bas... As-tu jamais vu une taille plus mignonne et mieux prise? C'est l'idéal de la *joliesse*. Il faut en effet un mot nouveau pour rendre cet ensemble parfait de noblesse et de moelleux, de blanc et de rose, de la grâce de l'enfant réunie à la dignité de la femme à son printemps... Je voudrais être homme pour adorer un pareil ange : le ciel sur la terre serait de l'enrichir, de lui donner le rang qui lui appartient. Enrichir ce qu'on aime, Charles : ton cœur me semblait devoir comprendre ces délices là... Et ce serait un guide, une sœur pour Emmeline. Ta fille ne saurait aller dans le monde sous le patronage de Babet. Adèle est admirable faisant les honneurs d'un salon : Emmeline apprendrait d'elle les bonnes manières, les usages.

« Une femme comme celle-là satisfait, à la fois, aux besoins du cœur et de l'esprit ; elle est le complément naturel, désirable d'une haute position, d'une grande fortune. On la met à sa place en l'épousant ; on répare l'injustice du sort, et elle paye en bonheur ce qu'on a fait pour elle. C'est la vie bien entendue, la sagesse mise en pratique ; c'est un capital placé à immenses intérêts. »

Mademoiselle Adèle quittait le piano.

Elle s'avança vers moi, toute gracieuse, et

me tendit la main, à la manière des artistes. Je ne pus manquer de la lui baiser et de reconnaître qu'elle l'avait fort blanche et petite.

Emmeline venait aussi vers moi et n'eût que mon second baiser.

Babet parut inquiète, peinée, et me dit en balbutiant qu'elle allait emmener ma fille.

« Je sors avec vous, lui dis-je. J'ai des affaires indispensables. »

Fernande vint à moi et me dit à l'oreille :

« Vois comme ton baiser l'a émue, agitée! qu'elle aimable pudeur! Je veux ton bonheur, fut-ce en dépit de toi, et je prétends obtenir sa main, et de sa famille et d'elle-même. Tu n'auras plus qu'à te présenter, et je t'accompagnerai pour la visite solennelle. »

Plus réellement agité sans doute que ma

demoiselle de Lelay, je ne trouvai pas la force de répondre un mot; je montai en voiture avec ma fille. Je la plaçai sur mon cœur et la couvris de caresses.

Emmeline pleurait, ainsi qu'il lui arrivait toujours lorsque ses petits nerfs étaient en émoi, par un sentiment un peu vif de peine ou de plaisir. Sa frêle enveloppe se ressentait de la crise affreuse que sa pauvre mère avait subie.

Mes caresses lui communiquaient en ce moment la fièvre qui me dévorait.

Je parvins à calmer la chère enfant, et je passai le jour à jouer avec elle, au Mazzolino : puis je restai assis, une partie de la nuit, au fatal bosquet.

Il est incontestable qu'il existe un grand nombre d'hommes qui peuvent être fort malheureux avec une excellente santé, une belle fortune et un état honorable. Oui, tous ces biens, tant enviés généralement, ne sauraient suffire à certaines organisations. La moindre peine morale, une anxiété, plus ou moins fondée à l'égard d'un être cher, l'absence de stabilité sur une partie quelconque de la position, en a bientôt fait oublier entièrement le beau côté ; pour n'en laisser voir que ce qui fait tache.

Je l'éprouvais et je souffrais cruellement.

Dans cet état de trouble, d'angoisse, on cherche de toutes parts, on épanche sa peine ; on regarde de tous côtés. J'avais tourné, une fois de plus, les yeux vers mon bon ange, vers Hélène.

« Oh ! épouse-moi, je te le demande à genoux, lui avais-je écrit, et sois assez généreuse pour me laisser mon état, mon état qui, loin de toi, est tout mon bonheur, et dont l'exercice, sous tes yeux même, te rendre heureuse et fière comme moi, tant il est noble et beau ; épouse-moi, ma bien-aimée, et je te devrais autant de reconnaissance, que tu m'inspires d'amour, d'estime, de bons sentimens dévoués. Hélène, je t'en supplie, couronne dignement ta vie d'artiste en la consacrant à l'homme dont tu fais le bonheur, déjà depuis longues années. »

Ma lettre était de six pages, toutes dans ce style, et j'en fis une autre à madame Duval, pour solliciter son intervention auprès de sa fille. Je fus tenté d'écrire au directeur de l'opéra lui-même.

Hélène me répondit :

« Tu es un égoïste, mon ami. Tu ne supportes pas la pensée de la perte, de l'abandon de ton état. Il n'est pas moins en première ligne dans ton esprit que je puis être moi-même dans ton cœur, si je t'en crois ; peut-être encore, Charles, si tu y regardes de bien près... Oh ! je ne veux pas écrire ici toute ma pensée.

« Quoiqu'il en soit, tu veux que je te sacrifie ce qui vaut mille fois ce que tu ne saurais me sacrifier, toi.

« Je t'en supplie, moi aussi, pardonne; mais je ne saurais. Les grandeurs ne me tentent nullement. Les arts me sont bien préférables. Habite Paris avec moi, et j'y serai ta femme ou ta maîtresse, il ne m'importe. Pour nous, un lien consacré par la loi ne vaut pas un serment.

« Le séjour de la province m'est intolérable. Je vois depuis longtemps ton désir et je m'efforce de m'y ranger. C'est vainement. Je serais malheureux et tu souffrirais toi-même de mes ennuis. Je n'ai pu manquer de penser mûrement à ce qui touche, me dis-tu, de si près à ton bonheur... *Je ne puis.*

« J'ajoute, méchant, que le style *fièvre chaude* de ta lettre me fait craindre que tu ne sois menacé de faire quelque folie, et que tu ne cries si fort pour m'appeler à toi qu'afin que je t'en préserve. Crois-le bien : j'ai offert dix mille francs à mon directeur pour un congé d'un mois, car je ne serai jamais sourde à tes cris de détresse. On ma refusée, et je suis forcée de te livrer à tes bons ou mauvais instincts.

« Tu as donc le champ libre, mon ami, et je ne serai que ton pis aller. Carte blanche pour toi, pour toi seulement, Charles, et si la femme que tu me préfères te rend heureux, Hélène sera son amie. Tu vois que je fais comme qui dirait un cours de philosophie, à l'opéra, et ce cours-là vaut tout autant que tes études dans les camps et au barreau, témoin que je suis aussi heureuse et paisible que je te vois souvent inquiet et tourmenté... Je m'arrête : le sujet m'est pénible, et il m'a arraché des mots que je croyais au-dessus de mes forces d'écrire. Je t'aime, Charles. »

J'étais furieux, à la lecture de cette lettre. Cette froideur, dont Hélène semblait se glorifier comme d'un bon esprit, était, à mes yeux, de l'indifférence. Ces ajournemens continuels. cet isolement où l'on me laissait, m'exposaient aux caprices, aux fantaisies de madame de Marilly. Je ne me pardonnais pas ma faiblesse à céder ainsi à tout le monde. Puis je me rappelais que, honteux de mes concessions à Rachel, je m'étais porté à un acte affreux. « Comment faire ? » me disais-je encore. — « Laisser faire, » répondaient en moi la paresse, l'insouciance, la fatigue, la philosophie, si l'on veut.

Fernande m'écrivit, le lendemain, qu'elle m'attendait à dîner.

Elle avait deux ou trois convives seulement, qui, prévenus par elle sans doute, la laissèrent libre à huit heures.

« Viens, hâtons-nous, me dit-elle : on nous attend. Tu vas être accueilli comme un Dieu, et ton bonheur commence réellement dès aujourd'hui, car tn fais aussi celui d'une famille excellente.

— « Mais...

— « Ce respectable M. de Lelay n'a pas été moins flatté que surpris de *ta* demande ; il s'en tient infiniment honoré, m'a-t-il dit; il n'est pas jusqu'à son extravagante de femme, qui n'ait minaudé de la façon la plus plaisante, en disant qu'elle savait bien que la manière dont elle avait élevé sa fille lui procurerait un établissement avantageux, sans pouvoir toutefois espérer... tu es fort aimé et estimé à N*** ; mais c'est cette chère Adèle surtout, qui a été vraiment touchante, sublime. Elle s'est jetée dans mes bras, rougissant, pleurant, protestant de sa reconnaissance, et balbutiant quelques objections que lui suggérait la pudeur. Ah ! c'est un cœur digne du tien. Pauvre petite ! Tu adouciras pour moi le sacrifice. »

Les deux maisons étaient contigues. Ces dames pouvaient se voir et se parler des fenêtres de leurs chambres respectives.

Nous étions chez M. de Lelay avant que Fernande m'eut permis une observation.

L'honorable directeur des domaines me prévint lui-même pour me dire combien il était heureux de confier le bonheur de sa fille à un homme comme moi; sa femme me fit je ne sais quel sot compliment, et Adèle, avec ses manières de petite reine, me tendit de nouveau sa jolie main à baiser.

« C'est bien, me dit Fernande en sortant. Tu as été un peu froid, mais c'est plus digne. Je me charge de tous les préparatifs : tu es riche; Adèle aime l'élégance, le luxe, il faut faire grandement les choses, la couvrir de diamans; cela flatte la plus sage.

« Sois tranquille pour Emmeline : tu peux lui assurer une dixaine de mille francs de revenu; Fernand n'a besoin de rien : ma fortune lui est acquise; ainsi tu dois donner pour cent mille francs de parures à Adèle. »

Plus j'avance dans cet épisode de ma vie, plus je voudrais en abréger les détails.

Je me laissais marier, non pas contre mon gré, mais avec une impassibilité stoïque. On aurait pu croire que cela ne me regardait pas. Je laissais Fernande m'entretenir de mon bonheur, dont elle avait fini par se persuader elle-même, pendant des heures entières, sans qu'elle put souvent m'arracher d'autres mots que quelque exclamation ou un : *c'est admirable.*

A ma honte, je n'avais plus même un souvenir, un regret pour Hélène.

Me rappelant mon passé et que je m'étais souvent bien trouvé d'avoir abandonné à la fortune le soin de diriger ma barque, je me mettais parfois à rire, et je jugeais plaisant de me laisser ainsi porter dans les bras d'une charmante petite marionnette.

« J'ai trente-six ans, me disais-je : le mariage est le sort commun, je finis comme tout le monde. C'est le dénouement obligé de mon roman. Adèle est trop jeune pour être méchante ; nous ferons de la musique ensemble ; Fernande lui donnera de bons conseils et lui sera d'une grande ressource pour leurs communs loisirs ; j'ai assez de fortune pour suffire à toutes fantaisies féminines... mais Emmeline... »

Ici, mon insouciance, mon laisser-aller étaient en défaut; je ne pouvais me donner une bonne raison à moi-même, et je ne goutais nullement celles de madame de Marilly. Toute ma ressource était de tourner la page de mes pensées, et, en dépit que j'en eusse, ce chapitre se rouvrait sans cesse effrayant devant moi.

« Les intérêts de l'orpheline doivent t'être d'autant plus sacrés qu'elle n'a que toi, qu'elle n'espère qu'en toi ; sa mère, me disais-je, croyait, en mourant, laisser un appui ferme et sûr à sa fille ; Rachel a, en effet, emporté ton serment devant Dieu.

« Et si l'orage, que va susciter ton manque

de foi au cœur de la faible plante, y détruit l'espoir et l'existence! Un enfant ne peut vivre, s'il n'a plus tout l'amour de son père! quoi! tu vas jurer de ne plus aimer qu'une petite folle, qui peut-être elle-même ne t'aime pas. Insensé! le père ne doit avoir d'amour que pour son enfant, par la raison toute puissante, qu'il ne peut plus en espérer que de lui. Prends y garde : la peine du parjure est terrible, cuisante, mortelle... »

Ah ! mon Dieu.

« Valli, je me marie, dis-je à mon dragon.

— « Oui, monsieur, me répondit-il, en soupirant.

— « N'en dites rien à Emmeline, à Babet, jusqu'à nouvel ordre.

— « J'y avais pensé, parce que... enfin

cela peut manquer, et j'ai donné la consigne à vos gens : je casse les reins à celui qui en portera la nouvelle au Mazzolino. »

Les dîners, les soirées se multipliaient. Les artistes affluaient chez M. de Lelay, et Adèle était l'objet de leurs hommages. Leurs manières ne me convenaient pas également, et je pris en grippe le dernier maître de piano de ma prétendue. Il était fort joli garçon et fat au superlatif. Je me surpris à être tenté de lui cracher au visage.

« Allons, me voilà jaloux, même avant la noce. Cela promet. »

Je regardai Fernande. Elle était souffrante, me dit-elle, et elle se retira bientôt sans me prévenir.

Je chantai faux et m'accompagnai mal. Je crus apercevoir l'impertinent pianiste sourire en regardant Adèle.

Le monde a ses exigeances. Je fis bonne contenance, et ne sortis que des derniers.

J'allai coucher au Mazzolino, et je réveillai Emmeline pour la caresser.

J'écrivis à fort peu de gens pour annoncer mon mariage.

Ma lettre à ma tante elle-même était embarrassée, contrainte, et madame Delmar ne me félicita que... quinze jours plus tard.

Dorville vint chez moi ; je le voyais beaucoup moins.

« Charles, me dit-il, l'amour vous fait, une fois de plus, négliger l'amitié ; une fois de plus toutefois l'amitié fera son devoir. Je vous en prie, au nom de votre bonheur à jamais, ne vous mariez pas, *coute qui coute*. Mademoiselle de Lelay est un petit prodige de grâce et de gentillesse, je vous l'accorde, pianiste, musicienne jusqu'au bout des ongles... Je serais enchanté de vous la connaître pour maitresse... et je vous conjure de ne pas l'épouser. Peut-être a-t-elle, par trop, la passion des... arts. C'est un sujet que nous avons souvent traité ensemble et que nous n'avons pas cependant épuisé. Tenez, mon ami, nous sommes charmans entre nous ; mais notre laisser-aller est dangereux, contagieux : je commence à goûter beaucoup moins *mes pareils*, depuis que j'ai passé trente ans, et je préférerais à vous voir vous marier, que vous allassiez vivre à Paris. Ici, je crains que vous ne vous *enfonciez* exorbitamment au sein du monde artistique : il est public à N*** que mademoiselle de Lelay ruine son père par sa *furia musicale*.

— « Bon ! je suis riche.

— « *Nous* mangeons beaucoup, mon ami, nous buvons sec, et nous pouvons faire pis encore... »

Senneville entra et hâta la retraite de Dorville.

« Je viens, me dit-il, t'apporter un billet de confession. Cela est indispensable.

— « Mon ami, je suis tout disposé, tout prêt à te laisser lire dans mon cœur. J'ai grand regret du mal qui est échappé à ma faiblesse; j'en ai, je crois, été suffisamment puni par mes regrets même, et j'ai la meilleure intention du monde de vivre en paix, le plus chrétiennement possible. Un grand docteur en ces matières, premier auteur ou instigateur de mon mariage, le regarde comme un moyen puissant de m'empêcher de penser à mal, et, à la manière, dont l'ami, que tu viens de voir, m'en parlait, il semblerait que je prends femme par esprit de mortification.

— « Tu m'en parles toi-même bien singulièrement.

— « Écoute : ce ne sera qu'après l'événement, que je saurai si je dois m'en féliciter.

— « On ne se marie pas, en vaine philosophie, si l'on hésite à le faire. L'avantage doit être incontestable.

— « Tout est contestable. Je vais me marier, puisque cela est convenu. J'ai eu une maîtresse extrêmement exigeante : ma femme ne saurait l'être davantage.

— « Mademoiselle de Lelay aime, dit-on, beaucoup le monde.

— « Cela est naturel a femme jeune et jolie. La solitude est peut être plus propre d'ailleurs à exalter les passions. Que veux-tu, mon chez Senneville ? J'ai vu de tout un peu, je vais continuer à explorer la vie, sous une face nouvelle, et je serai bien trompé si je ne supporte pas les tribulations du mariage, comme toutes autres, en pleine résignation. »

Sonneville soupira à la manière de Valli, et sortit en baissant la tête, comme avait fait Dorville.

Une autre visite m'émut davantage.

On m'annonça madame la supérieure du *Sacré Cœur*.

Je ne l'avais pas vue depuis quelque temps.

« Ma visite ne saurait vous étonner, monsieur, me dit-elle. Je viens réclamer le dépôt que j'ai bien voulu vous laisser jusqu'à présent. Aussi longtemps que l'enfant de mon amie a eu tout votre amour, j'ai pu vous le laisser, par une condescendance pardonnable : aujourd'hui, quand vous donnez une marâtre à l'orpheline, je dois l'arracher au souffle empoisonné qui pourrait la flétrir.

— « Madame, répondis-je, vous me parlez de votre amitié pour Rachel, et vous ajoutez par-là à vos droits à mon respect; toutefois votre apphéhension du monde vous entraîne trop loin : ma fille ne respirera jamais chez moi *un air empoisonné* !

— « Eh ! monsieur...

— « Permettez-moi de juger moi-même des véritables intérêts de mon enfant. Je ne suis plus un jeune fou, qui se livre en aveugle a un amour insensé.

— « Vous seul cependant...

— « Vous voulez dire sans doute que mademoiselle de Lelay n'est pas riche. Qu'importe ? Elle est charmante et bien élevée.

— « M. de Luciennes, au nom de sa mère, donnez-moi Emmeline : ne craignez pas que je la condamne à la vie du cloître. Non. Elle décidera elle-même de son sort, et je la marierai magnifiquement, si elle veut vivre dans le monde; mais je ne saurais la laisser à la merci d'une jeune femme de dix-neuf ans, extrêmement légère.

— « Madame, cessez de grâce... Vous allez beaucoup trop loin.

— « Monsieur, l'ombre de Rachel nous voit et prononce entre nous deux. Arrêtez-vous pendant qu'il en est temps encore. En tout cas, Emmeline m'appartient, je vous le répète, *je la prendrai* si vous ne me la donnez. et je serai seule juge du jour où je devrai vous l'enlever. »

Peste soit des visites! On semble s'être donné le mot...

J'avais affaire chez madame d'Albert. J'y allai.

« J'ai une grace à vous demander, me dit la duchesse.

— « Qu'elle qu'elle soit, elle vous est accordée,

Mes filles sont avec leurs maris; mes fils à leurs régimens; moi, je ne saurais supporter l'air et le bruit de la capitale... Je suis seule ici. Donnez-moi Emmeline. Vous savez qu'elle est ma vie. Je ne perdrai non plus votre enfant de vue que ne fait sa bonne; d'ailleurs je sais qu'elles ne marchent pas l'une sans l'autre, et je vous demande aussi Babet. Je voudrais bien encore quelqu'un de plus, mais celui-là ne saurait vous quitter.

« J'ajoute que, sans pouvoir m'engager de si loin, Emmeline, je l'espère, pourra à tous égards m'appeler, un jour, sa mère que mon petit-fils sera trop heureux de l'épouser... Je vous en prie, monsieur de Luciennes, donnez-moi cette chère enfant... je l'aime, je ne puis vous dire à quel point... et je ne saurais la voir sans trembler...

— « Vous aussi, madame! Vous si bonne,

si sage et prudente, vous me faites l'injure...

— « Mademoiselle de Lelay est bien séduisante, et la pauvre enfant aura peu d'empire, comparée à la jeune épouse toute brillante.

— « Je vous promets Emmeline, au premier tort que vous pourrez me signaler de la part d'Adèle ou de moi.

— « Je vais donc dormir en paix sur cette assurance là. »

La sollicitude obligeante de madame d'Albert fut ce qui me toucha le plus.

« Voyons donc, me dis-je, par moi même, là, de près, seul à seul, de plein sang-froid, cette jeune fille, que l'on semble me signaler comme une sirène dangereuse. Il est évident qu'il y a des réticences dans les discours de tous mes amis ; Dorville allait m'en dire davantage, je crois, quand Senneville est entré : il s'est arrêté à causer long-temps avec

Valli... Je ne verrai Fernande que plus tard. Au rebours de mes autres amis, elle est enthousiaste d'Adèle. »

J'entrai chez mademoiselle de Lelay et allai droit à sa chambre.

Elle essayait ses parures de noces.

« Le surplus me regarde, dit-elle à sa femme de chambre, en la congédiant avec empressement, ce dont je lui sus bon gré, les manières de cette fille me déplaisant souverainement. »

Ce pouvait être sur parole qu'Adèle me croyait aimable ou spirituel. Je me montrai réellement tel, pour la première fois.

Je parlai avec entrainement de ses talens, de sa beauté, de mon bonheur, et, pendant qu'elle attachait une dernière épingle, je m'assis à son piano et lui improvisai de jolis couplets.

Surprise peut-être, elle vint se placer derrière moi. Je sentais son haleine et tout un parfum délicieux.

J'avais les yeux attachés sur le clavier ;

Je les levai sur la glace, et je vis comme un nuage sur le front d'Adèle. Elle y passa la main, par un mouvement rapide, et il lui échappa un soupir.

« Ah ! qu'avez vous ? lui dis-je. Combien je serai malheureux, si le moindre regret... »

Elle reprit bientôt un air serein.

« Que vous êtes bon et généreux ! me dit-elle. Conduisez moi vers mon père. Je veux qu'il me voie parée de vos magnifiques présens. *Mon seul regret* serait de ne pas vous avoir connu plustôt... Croyez bien à ma reconnaissance ; demain, je vous dirai : à mon amour. »

La scène avec son père me fut très solennelle. Le noble, l'infortuné vieillard !

« Mon enfant! lui dit-il. Je t'aime trop exclusivement peut-être. J'ai été faible avec toi ; mais tu n'en as pas abusé. Quel beau jour pour moi que celui où je te confie à un homme aussi distingué à tous égards! un pareil mariage pouvait seul me consoler de ta perte. Je te livre à d'autres affections, et ce ne sera que quand tu seras mère que tu sauras tout ce que mon cœur a d'amour pour toi. O ma fille bien-aimée, reçois la bénédiction de ton vieux père. Il te remercie du bonheur que tu lui as donné et t'en demande autant pour ton mari. Tu lui dois, nous lui devons beaucoup, mon enfant : il n'a pas prononcé le mot *argent*. Il aura appris que je n'avais pas su compter pour satisfaire à tes goûts, et que je n'avais d'autre dot que toi même à lui remettre, bien infini sans doute ! Loin de te marchander, comme auraient fait tant d'autres, M. de Luciennes, sur sa fortune personnelle, a assuré ton avenir, et te voilà riche, avec un beau nom et un homme de cœur et d'honneur... Mon Adèle, la Providence a comblé tous mes vœux ; ma mission sur la terre est accomplie, et je puis mourir désormais, car je t'ai vue heureuse. »

L'émotiou d'Adèle était extrême. Elle finit par tomber aux pieds de son père, en proie à une affreuse attaque de nerfs.

Je la portai sur un canapé.

Je voulus appeler sa femme de chambre.

« Non, non, s'écria-t-elle, oh! non. C'est elle, c'est-elle qui... »

M. de Lelay sortit pour aller chercher quelque calmant.

Adèle éprouvait une espèce de délire ; elle balbutiait des mots sans suite.

« C'est toi, Charles, disait-elle ; c'est toi que

j'aime, qui mérites mon amour, et tu l'as, va... oui, mon père à raison, je te le dois. Mieux que cela : je te l'avais donné, je désirais le tien ; toi seul, pouvais réaliser mon rêve d'enfant... toi seul ! *toi seul !* entends-tu ?... Ne crois jamais, jamais le contraire... Mariette ! Ah !... »

M. de Lelay rentra avec sa femme et l'affreuse camériste.

Je crus devoir me retirer.

Je revins, le soir. Adèle était pâle, fatiguée, mais bien remise.

« A demain et à toujours, me dit-elle, quand je sortis. Ah ! j'ai hâte de porter votre nom. »

En quittant M. de Lelay, j'aperçus la femme de chambre, et il me vint la pensée absurde et coupable de la faire parler, au prix de ma bourse.

« Ma chère Mariette, lui dis-je, je paye tout ce qu'on veut les services qu'on me rend...

— « N'achevez pas, monsieur. Je ne suis pas *votre chère*, car vous ne pouvez me souffrir. Aussi mademoiselle m'a-t-elle congédiée. et je quitte demain son service pour rester avec sa mère. Je ne suivrai pas ma maîtresse à votre hôtel. Jusque-là...

« Je ne vous dirai rien pour votre argent. Je n'aime pas les gens riches, et leur or m'est odieux. Un grand m'a corrompue, m'a achetée, à quinze ans. Je m'en vengerai, autant qu'il sera en moi, sur ses pareils... Allez vous reposer, si vous pouvez, en attendant *le plus beau jour de votre vie*, M. le procureur-général. »

« Il est évident que celle-ci y met encore de la réticence, me dis-je. »

Valli m'avait demandé la permission d. s'absenter pour toute la soirée.

J'étais à pied.

J'allai chercher Dorville au théâtre. Le spectacle était fini.

Nullement disposé à dormir, je m'en allai au Mazzolino, bien que la nuit fut affreusement noire. De gros nuages, annonçant la foudre, couvraient entièrement le ciel et rendaient l'air extrêmement pesant.

« Voilà une triste veille de noces, me dis-je... car enfin la cérémonie civile et religieuse est fixée à demain au matin à onze heures. Parens et amis sont conviés, et Senneville m'attendra à l'autel... Eh! qu'ai-je fait! J'ai appris chez M. de Lelay que Fernande était indisposée, et je n'ai pas été m'informer... Elle sera sans doute remise pour demain... Je n'avais jamais passé un jour sans à voir, depuis qu'elle est établie à N***.

J'allai m'asseoir au chevet du petit lit d'Emmeline.

La chère enfant dormait mal et semblait en proie à un rêve fatigant. Je l'éveillai, je la pris dans mes bras et la caressai longtemps; puis je la remis aux soins de Babet.

J'étais encore dans le jardin, absorbé dans une inquiétude vague, et il était quatre heures du matin, lorsque Valli rentra avec ses chiens, faisant un bruit du diable.

Valli alla à la chambre d'Emmeline, où il aperçut de la lumière. Les dogues vinrent à moi et m'accablèrent de caresses; puis ils coururent après Valli pour me l'amener, comprenant qu'il me cherchait.

Mon Corse parcourait la maison du haut en bas

Les nuages s'étaient dissipés; le point du

jour se montrait à l'horizon, frais et pur, lorsque je vis arriver Valli conduisant Emmeline, toute couverte de fleurs, dans sa belle petite calèche, que traînaient les deux dogues.

Valli était triomphant. Il n'eut pas été plus *beau*, je crois, si, le soir de Waterloo, nous eussions été vainqueurs.

« *Rotto e il matrimonio*, me dit-il en m'abordant, et, profitant de la stupéfaction où me jetait son apostrophe, il me fit dans son patois corse, d'une énergie merveilleuse, le récit suivant, bien assez extraordinaire encore, quoique ma traduction n'en puisse rendre le pittoresque :

« J'avais de grandes inquiétudes au sujet du mariage que *mon commandant* allait contracter. Mademoiselle Adèle ne me plaisait pas, à cause d'Emmeline d'abord, et j'avais entendu dire à des domestiques tant de mal de Marietta, la femme de chambre, que je craignais que cette méchante fille ne compromit sa maîtresse.

« Je me mis aux aguets, et j'aperçus le joli garçon, le maître de piano, qui recevait un billet des mains de Marietta. Je fus tenté d'étrangler le musicien, pour en finir.

« Hier au matin, j'entendis, de mes propres oreilles, la Marietta dire au seigneur *Hettore*, c'est son nom : « *Elle* ne veut pas, elle pleure, elle se désole ; mais venez toujours... Cela sera plus drôle... A minuit, par le jardin, sous la fenêtre... Vous appellerez, et il faudra bien qu'elle réponde, par amour ou par peur. »

« Ma main s'était placé machinalement sur mon stilet ! l'aurais frappé l'infâme, si je n'avais eu mieux à faire, le soir même.

« Cette Marietta est une fille de parole et et de résolution. J'étais donc bien sûr qu'Hector ne manquerait pas au rendez-vous fixé. Je m'occupai de le surprendre et de désabuser madame de Marilly sur le compte de la jolie petite demoiselle, sauf à madame la comtesse à désabuser elle-même mon commandant.

« J'écrivis donc à madame de Marilly pour la prier de vouloir bien ne pas se mettre au lit avant une heure du matin, sans cependant laisser voir de lumière dans son appartement, et à se montrer à sa fenêtre, qui domine le jardin de M. de Lelay, au bruit d'un coup de pistolet. Je finissais ma lettre en ajoutant qu'il s'agissait du bonheur de son meilleur ami.

« J'étais bien sûr que, fut-elle indisposée, madame la comtesse ne me refuserait pas.

« La porte du jardin de M. de Lelay ne pouvait pas être fermée, au verrou intérieur, puisque le seigneur Hector devait entrer par-là. J'avais remarqué, en accompagnant monsieur, que la serrure en était simple, et il m'était dès-lors facile de l'ouvrir, au moyen du moindre petit crochet en fer.

« Je voulais surtout arrêter le seigneur musicien.

« Quelques mots de la Marietta m'avaient porté à penser que c'était par la fenêtre de mademoiselle Adèle, et au moyen d'une échelle de corde, que M. Hector entrait dans la maison.

« Je me munis de six piéges à loup, de flambeaux phosphoriques, et je portai avec moi, à tout événement, le gros filet que j'ai fabriqué pour amuser Emmeline à prendre des cailles dans la prairie.

« Entré sans difficulté avec mes chiens dans

le jardin dès onze heures, j'ai pu tout disposer.

« J'ai placé mes piéges à loup tout le long du mur, sous les fenêtres, en les fixant très solidement aux barreaux des soupiraux des caves... J'ai bien *expliqué* à mes chiens qu'ils eussent à ne s'y pas prendre, dans leurs évolutions, et ils m'ont compris.

« J'ai admirablement tendu mon filet au petit balcon du rez-de-chaussée, de manière à pouvoir le lever, soit du haut, soit du bas, selon le besoin, pour envelopper quiconque voudrait monter chez mademoiselle Adèle ou en descendre.

« Tout était prêt avant minuit.

« Hector a été fort exact, c'est une justice à lui rendre. Puis il s'est mis à soupirer et à faire des *st, st, st*, à la manière de M. Dorville, dans ce petit opéra de l'autre jour. (*)

(*). Blaise et Babet.

« Les chiens s'en fâchaient : il m'a fallu les retenir.

« La Marietta a ouvert les fenêtres de sa maîtresse et voulu jeter une échelle de corde. Mademoiselle de Lelay s'y est opposée.

« Hector faisait tout un discours et montrait un paquet de lettres qu'il s'engageait, disait-il, à rendre.

« Mademoiselle Adèle se refusait toujours à ce que Marietta attachat l'échelle au balcon ; elle parlait d'honneur, de devoir, de sermens, et pleurait en disant que c'était Marietta qui l'avait perdue.

« La femme de chambre n'en agissait pas moins et réussissait à lier l'échelle.

« Hector s'est alors approché tout à fait sous la fenêtre. ct a mis le pied au beau milieu d'une de mes souricières,

« Il a jeté un cri perçant en se sentant pincer la jambe comme dans un étau, car j'avais aiguisé les fers de manière à faire hurler le loup que je voulais prendre. Il me fallait du bruit : cela était dans mon plan.

« Mademoiselle de Lelay a failli s'évanouir.

« Qu'est-ce donc ? a dit Marietta.

— « J'ai la jambe prise dans je ne sais quel fer, et je souffre en damné, a répondu le *povero*. »

« Hector n'est pas chasseur et ne savait pas baisser le ressort en pesant dessus.

« Marietta elle-même a perdu la tête et n'a pas pensé que le plus court pour venir au secours du joli garçon était de descendre par l'échelle.

« Prenez patience et ne criez pas, a-t-elle dit. Je suis à vous dans un instant. »

« La jeune demoiselle, désespérée, ou du bruit ou des plaintes du musicien, a escaladé le balcon et s'est mise en devoir de descendre elle-même.

« C'était me servir à souhait, bien mieux que je ne pouvais espérer.

« En un moment j'ai lâché mon coup de pistolet ; mes six grosses torches, que j'avais fixées aux arbres les plus voisins, ont été allumées et ont répandu une clarté foudroyante.

« C'était une magnifique illumination.

« Madame de Marilly a paru à sa fenêtre et a tout vu.

« L'explosion du pistolet a fait tomber mademoiselle Adèle évanouie sur la tête du seigneur Hector.

« J'ai serré le filet de haut en bas, et les

amoureux ont semblé deux allouettes prises au trébuchet.

« Marietta, qui accourait éperdue, s'est empêtrée elle même dans un des pièges et n'a pas crié moins fort que son protégé.

« Une patrouille de dragons est venue à passer et a frappé à la porte du jardin, en exigeant qu'on lui ouvrit.

« Le seigneur Hector, désespéré, a fait des mouvemens tellement vifs que mes chiens se sont fâchés et l'ont mordu, de manière à le dégoûter des bonnes fortunes.

« Je me suis vengé, à ma fantaisie, de la femme de chambre : je lui ai coupé la belle chevelure dont elle était si fière et qui faisait peut-être sa méchanceté... il n'est pas naturel qu'une femme ait des cheveux plus longs qu'elle n'est grande. Voyez plutôt... les voilà.

« Le malheureux M. de Lelay s'est éveillé au bruit et y est accouru lui-même.

« Qu'y a-t-il donc? qu'y a-t-il donc? a-t-il dit.

— « Ma foi, monsieur, ai-je répondu, voyez vous même. C'est mademoiselle votre fille qui, sous la direction de sa femme de chambre, se dispose singulièrement à épouser mon maître. »

« J'ai relevé le filet, pour qu'il put mieux s'y reconnaître.

« Il a cru sans doute que sa fille était descendue pour s'enfuir avec le maître de piano.

« Il s'est jeté sur celui-ci, et une lutte furieuse s'est établie, au grand préjudice du musicien, qui avait toujours un pied arrêté.

« J'avais ouvert à la patrouille.

« Ce vieux brigadier, que vous savez, mon camarade de *Rio Secco*, la commandait. Il m'a reconnu et m'a demandé ce dont il s'agissait.

« Je me suis avisé de lui dire que le seigneur Hector était un voleur, que nous avions surpris pénétrant dans la maison, où l'introduisait Marietta.

« Il n'en a pas fallu davantage au troupier pour s'emparer du musicien et de sa complice. Il les a garottés avec les cordes de mon filet et emmenés au corps de garde.

« J'ai arraché à Hector le paquet de lettres que voici.

« Marietta écumait de rage; Hector, tout piteux, regardait ses habits en lambeaux et étanchait le sang de ses blessures.

« J'avais retrouvé M. de Lelay privé de

sentiment non loin de mademoiselle Adèle, toujours évanouie.

« J'ai cru devoir porter la jeune fille chez madame de Marilly et la laisser à ses soins. Madame la comtesse faisait d'abord des difficultés pour la recevoir; elle a cédé à mes instances.

« Lorsque j'ai quitté le quartier, M. de Lelay était fort mal. On parlait d'une attaque d'apoplexie.

« Je suis peut-être allé trop loin, mon commandant; mais vous pouviez ne pas m'en croire, et j'ai voulu des témoins et des preuves parlantes.

— « Je vous en croirai, *toujours et en tout sur parole,* mon brave Valli, et je rends pleine justice à votre dévoument, à *votre amitié; merci...* Attelez vite un cheval à mon cabriolet : il faut que j'aille au plustôt chez Senneville. Lui seul peut se présenter aujourd'hui chez M. de Lelay et m'en donner des nouvelles. Je tremble que ce malheureux père ne succombe à sa douleur. »

CHAPITRE XL.

« Le bruit est pour le fat, la honte pour le sot.
«L'honnête homme trompé s'éloigne et ne dit mot. »

(LANOUE, la Coquette corrigée, comédie.)

Senneville refusa d'abord de m'en croire, bien qu'il eut eu quelque bruit de l'extrême légèreté d'Adèle.

« C'est donc un démon que ton Corse! me dit-il.

— « C'est un homme excellent, un ami à toute épreuve.

— « Un ami de sac et de corde.

Je chargeai Senneville de disposer de ma bourse et de prodiguer l'or pour M. de Lelay, soit que lui ou ses dames voulussent s'éloigner sans délai de N***.

Hélas ! M. de Lelay n'existait plus.

Sa femme avait été rejoindre Adèle chez madame de Marilly. La comtesse avait fait donner à ces dames l'appartement du général et veillait à ce que rien ne leur y manquat, tout en refusant obstinément de les voir.

Senneville seul était admis et s'efforçait de consoler la malheureuse Adèle.

Celle-ci m'écrivit, non pour s'excuser, quoiqu'elle fut plus à plaindre qu'à blâmer, me disait-elle, mais pour m'exprimer sa reconnaissance de mes bienfaits, qu'elle acceptait, ne voulant tenir que de moi ses moyens d'existence.

Je lui renvoyai, sans les avoir lues, ses folles lettres à Hector.

Bientôt elle partit pour la petite ville où elle était née.

Je fis mettre Mariette en liberté, à condition qu'elle irait exercer à Paris ses prodigieux talens pour l'intrigue. Elle y voulut bien consentir, à charge à moi de la défrayer du voyage.

Cela me coûta trois cents francs. A la vérité, la chevelure, dont Valli l'avait déparée, ne valait pas moins.

Le seigneur *Hettore*, comme le nommait Valli, me mit dans un singulier embarras.

Le procureur du roi, sans doute pour m'étre agréable., ne pouvant raisonnablement le poursuivre pour vol, s'obstinait à le prétendre coupable... de l'apoplexie de M. de Lelay.

Rigoureusement cela était vrai ; toutefois la jurisprudence ne m'offrait aucun précédent semblable, et j'engageai mon substitut à se désister.

Hector s'en montra peu reconnaissant, ou peut-être ne sut-il pas ce qu'il me devait.

Il me dépêcha un artiste de ses amis, avec qui j'étais fort bien et qui jouissait de l'estime générale à N***, avec un cartel en bonne forme, contenant la demande d'une rencontre pour le lendemain au matin.

Je fus tenté d'abord de me renfermer dans mes fonctions, de faire enfin le procureur-général, d'autant plus que, loin d'avoir fait injure à ce gaillard-là, c'était lui seul qui avait pû rire à mes dépens, au moins jusqu'au jour où mes dogues lui avaient fait sentir leurs dents.

Aussi demandai-je d'abord au porteur du billet doux s'il connaissait le contenu de son message.

« Oui!, me dit-il, en baissant les yeux, et j'ai grand regret de n'avoir pu détourner M. Hector d'une résolution que je blâme à tous égards.

— « Dites, je vous prie, à votre ami, que je me trouverai, demain au matin, au lieu indiqué par lui. »

L'artiste sortit en me saluant jusqu'à terre.

« Au fait, me dis-je, ce n'est pas au procureur général, mais bien à mon individu, que M. Hector s'adresse. Je suis réellement très coupable envers lui, pour l'avoir privé, par la folle matrimoniomanie de Fernande, d'une maitresse adorable. A la différence de ce que j'ai fait pour Mariette, je n'ai imposé aucune condition à la mise en liberté de mon heureux rival.

« Il parait qu'il veut rester à N***, et, en toute rencontre, il me faudrait baisser les yeux devant un homme, dont j'aurais refusé le cartel; il en serait de même avec le porteur de son message...

« Cela serait gênant. Mieux vaut la chance d'un coup de pistolet. Sans doute il est pénible d'aller ainsi se couper la gorge, avec le premier fou, qui s'avise de vous provoquer; mais tous les hommes sont égaux devant la loi, et le duel est le complément naturel de l'égalité, dans l'état social... résignons-nous. Si les puissances, si le ministre s'en fâche, je lui répondrai qu'on ne se bat pas par passe-temps, par partie de plaisir, et que si je me suis battu, c'est que je n'ai pas pû faire autrement.

« Il me faudra prendre Dorville pour témoin, car si je me faisais accompagner par cet enragé de Valli, M. Hector pourrait bien avoir affaire à mes dogues plutôt qu'à moi.....

« Je n'ai pas tiré le pistolet depuis fort longtemps ; je n'ai plus aucun goût au maniement des armes... Guerroyons cependant, en dépit que j'en aye. C'est jouer de malheur, tant je suis pacifique ...

« J'aurais été un excellent mari ; cette petite folle d'Adèle aurait été trop heureuse avec moi. Avec un peu d'intelligence et de procédés, M. Hector aurait été l'ami de la maison... Ah ! je veux tuer ce fat... Valli !.. mes pistolets. Je veux m'exercer au tir... Vous êtes un digne et noble dévoué frère d'armes, lui dis-je en lui serrant la main. Vous m'avez sauvé d'un mariage... déplorable. Je vous dois plus que je ne puis vous donner ; voyons : que désirez-vous ?

— « Savoir la cause de l'émotion à laquelle vous cédez en ce moment, me répondit froidement le vieux soldat.

— « L'émotion ! mais non. Je n'en éprouve aucune. Je veux seulement *m'amuser* à tirer le pistolet. »

Je m'efforçais d'échapper aux questions de Valli, lorsque le messager de M. Hector se présenta de nouveau.

« Monsieur, me dit-il, seriez-vous assez bon pour regarder le billet, que j'ai eu l'honneur de vous remettre, comme non écrit ? M. Hector s'engage à quitter N***, ce soir même.

— « Que le diable l'emporte !.. a-t-il donc voulu m'éprouver ? il m'a donné l'envie de le tuer en me forçant à penser à lui... Je voudrais bien savoir la cause de son changement de résolution.

— « Ah ! n'y voyez rien de honteux pour lui... Ce sont mes justes observations. Il ne saurait avoir aucun grief.

— « Je le crois facilement.

— « C'est votre domestique seul...

— « Ah ! qu'il n'aille pas s'en prendre à mon brave Vailli, ou je le fais, à mon tour, attaquer par mes chiens... qu'il parte au surplus, et que je n'en entende jamais parler »

J'avais continué à vaquer à mes affaires, à peu près comme si je n'avais pas été le héros d'une aventure fort désagréable. En me cachant tout honteux, on aurait, je crois, bien plus ri de moi. *Ri de moi!..* et cependant que pouvait-on me reprocher? J'avais donné plus de cent mille francs à la pauvre enfant, qui s'était trouvée entraînée à me tromper.

Les gens sensés et les bons cœurs virent l'aventure sous cet aspect et ne m'en témoignèrent que plus d'estime et d'amitié. Je ne m'informai pas ou ne m'inquiétai pas de l'opinion des autres.

Je tins quelque peu rancune à Dorville et lui fis des reproches, à notre première rencontre.

« Vous deviez préciser, mettre les points sur les *i*, mon ami, lui dis-je : autrement, sur qui compter?

— « J'en fus bien tenté, me répondit-il; mais comment peut-on *affirmer* quelque chose en matière semblable? Il m'aurait fallu faire comme votre Valli, et je n'avais pas les mêmes renseignemens... puis, je vous voyais amoureux de la charmante petite personne, et vous dissuader était peut-être vous rendre un mauvais service... Qu'importe, en effet, que nous soyons trompés, si nous sommes heureux? Tout n'est-il pas qu'illusion! mademoiselle de Lelay ne vous devait pas compte, à la rigueur, de son passé, et ce qu'on m'a dit du renvoi de sa femme de chambre, à partir du jour de votre mariage, prouve ses bonnes intentions je proposais moi-même de scruter sa conduite et je me serais chargé d'éloigner M. Hector de votre logis. Jusque-là rien n'était urgent. Tous les maris vivent sur la foi des traités et s'en trouvent bien. Le plus sûr est de faire comme le grand nombre. Le jaloux seul est à plaindre. Le trompé doit être compté parmi les heureux.

« Tel que vous me voyez, j'ai lieu de craindre que votre étourdi de général n'ait fait faire une folie à ma Florestine... Je n'en suis pas certain, je n'ai seulement pas cherché à m'en assurer, et je n'en suis pas plus mal. Péché ignoré n'est pas un péché.

« Vous avez amené M. de Marilly dans nos coulisses et il y a tout bouleversé. Il y a pris sa revanche, et peut-être à mes dépens, de l'excellent trait que vous lui avez fait à Tours.

« Ne croyez pas que je vous en garde un mauvais souvenir, mon cher Charles, non, je vous jure ; puisque vous attachez tant d'importance à ce qui n'en a que fort peu pour moi, je me tiendrai aux aguets, à votre première fantaisie de mariage, et les renseignemens faux ou vrais ne vous manqueront pas. »

Je m'étais pris d'un ressentiment plus sérieux contre Fernande. Non seulement je fus huit jours sans aller chez elle, je refusai de m'y rendre, à son invitation, bien qu'elle m'écrivit qu'elle était malade.

Il était évident qu'elle avait eu des doutes sur la conduite d'Adèle, et elle était, selon moi, dans l'obligation positive de m'épargner au moins un ridicule.

Je trouvais absurde l'empire que je lui avais donné sur mon libre arbitre, et ses prétendues craintes d'être reprise d'amour pour moi ne me semblaient qu'une mauvaise plaisanterie. Je lui attribuais jusqu'à mes torts envers Hélène.

Sa fantaisie m'avait coûté beaucoup d'argent, de chagrin. Son contact me semblait dangereux, et je résolus d'aller de nouveau me consoler à Paris, auprès de ma bonne Hélène, et de revenir par Poitiers prendre mon petit Fernand, pour l'amener avec moi à N***.

Je me hâtais de tout disposer pour mon départ, lorsque je vis arriver Fernande dans un état d'exaltation extrême.

« Tu veux me faire mourir, Charles, me dit-elle. Tu te venges ; et de quoi ? Tu ne me pardonnes pas de m'être efforcée de n'écouter que la voix de l'honneur et du devoir... Tu dois comprendre cependant un sentiment généreux : tu dois dès lors concevoir que j'aye voulu te marier.

« Si j'ai été trompée sur la conduite d'Adèle, qui n'y eut été trompé comme moi ? Pouvais-je croire à tant de folie, lorsque Adéle me protestait de son amour pour toi ?

« Qu'aurais-tu fait toi-même à ma place ?

« Sur les soupçons les plus vagues, devais-je aller rompre un mariage, dont Adèle se disait heureuse et flattée, et dont tu étais venu toi-même à presser la conclusion ?

« Ton domestique, par des prodiges d'intelligence et de zèle, parvient à tout éclaircir.

« Ma confusion est grande, je redoute tes ressentimens. Le souvenir de ton amour me rassure : tu ne saurais croire que j'aye voulu te rendre malheureux ou ridicule, toi que j'ai tant aimé.

« C'est auprès de moi que tu dois venir ou te plaindre ou te consoler. Non. Le père de mon fils n'éprouve plus que de l'indifférence pour sa Fernande ; il se dispose à me fuir, à me livrer au plus affreux isolement.

« Charles, je puis tout supporter, hors la perte de ton cœur. Tu sais à quelle existence je suis condamnée. Je n'ai que toi pour ami, pour appui, pour... bonheur... Tu me forces à te le dire : j'ai besoin de toi, à tout prix.

Tu as eu tout mon amour... te faut-il absolument mon honneur? J'en mourrai; mais il n'importe.

« Me voilà, Charles... madame de Marilly redevient ta maîtresse... Voyons qui de nous deux reculera devant l'infamie ou, si tu le veux, celui de nous, qui sacrifiera le plus à l'objet aimé.

—« Ma Fernande, tu me prouves que, cette fois, comme toute ma vie, c'est de mon côté que sont les torts... Pardonne moi.

« Veux-tu m'accompagner à Poitiers? Je vais chercher Fernand. Je vais tenter une nouvelle épreuve, après tant de désappointemens, pour m'assurer si réellement le bonheur n'est que l'ombre de l'homme, qui ne saurait l'apercevoir que derrière ou devant lui.

« Je t'en demande mille pardons; mais, depuis le jour où je te perdis par le retour inopiné de ton père, j'ai été beaucoup plus heureux par Emmeline que par toi...

« Je vais essayer d'occuper d'autant plus ma vie intime.

« J'ai échappé, par un miracle, à une folie absurde, à une folie, coupable même, car le père se doit uniquement à ses enfans. Le cœur ne saurait suffire à deux affections de différente nature.

« Je vais chercher Fernand, afin d'avoir une garantie de plus contre une nouvelle faiblesse de ma part.

« M. de Marilly est devant Cadix et ne saurait en revenir de longtemps. Tu es parfaitement maîtresse de tes actions. Tu sais de reste que tu n'as rien à craindre de moi; viens, ma Fernande.

— « Avec plaisir, mon ami ; mais, je te l'avouerai, j'ai écrit à madame Delmar. Je lui ai peint, dans toute sa force, la douleur que j'éprouvais, plus encore pour toi que pour moi-même, de ce qui vient de se passer, et ta digne tante m'a répondu qu'elle allait nous amener Fernand. Ils peuvent être chez toi d'un instant à l'autre. »

En effet, le lendemain, madame Delmar et mon fils arrivèrent à N***.

« Mon père ! mon père chéri ! disait Fernand en se pressant de toutes ses forces sur mon cœur... Conduis-moi vers maman.

— « Oui, mon ami.

— « Maman ! répétait Fernand. Je vais voir ma mère ! il se peut ! Ah ! c'est trop de bonheur dans un jour. »

Madame de Marilly avait vu passer une voiture de poste et s'était doutée que c'était celle de ma tante. Elle était accourue.

Elle s'élança dans les bras de son fils, et

me dit, après un instant : « Viens aussi sur mon cœur, Charles. Je ne t'ai dû que du bonheur, à toi; et celui, dont je jouis en ce moment, est le plus grand, le plus pur de tous. »

Mon vieux Valli se tenait dans un coin, essuyant des pleurs, qui mouillaient sa moustache grise.

« *Capisco tutto*, me dit-il, en me désignant la comtesse et mon fils ; mais Emmeline... »

Le bon soldat n'oubliait jamais, cinq minutes, sa petite *Pulcinella*, comme il l'appelait, et il fut, dans la chambre voisine, la prendre des mains de Babet.

« C'est là ma sœur, dit Fernand en apercevant la jolie enfant. Oh ! qu'elle est mignonne !

— « Oui, ton cœur ne te trompe pas, reprit madame de Marilly : c'est ta sœur. Sois à jamais son protecteur, son ami. ».

Je laisse à penser si nous fêtâmes madame Delmar.

Nous éprouvâmes bientôt un embarras singulier mais très réel, et beaucoup plus grand encore pour Fernande que pour moi. Mon fils ne concevait pas que sa mère n'habitat pas avec moi et portat un autre nom que le mien. Il nous pressait de questions ; il s'étonnait encore d'entendre Emmeline appeler Fernande *madame* et non pas *maman*, comme il disait lui-même, etc.

CHAPITRE XLI.

« Le duel est l'égalité des hommes élevés dans
« le monde. Celui-là est perdu, dans notre état
« social où l'opinion est tout, qui ne saura pas
« acheter l'opinion d'un coup de feu ou d'un
« d'épée. — Le duel punit seul, ce que les lois
« ne peuvent pas punir, le mépris et l'insulte.
« Ceux qui ont parlé contre le duel, étaient des
« poltrons ou des imbéciles. »
(J. Janin, Le chemin de traverse, 1. volume, p, 337.)

Le retour de M. de Marilly rendit notre position fort difficile.

Le général revenait plus fou, plus étourdi que jamais, et, à peine débotté, il accourut chez moi, non pas pour me demander comment Fernande avait suporté son absence, mais pour me conter ses conquêtes espagnoles. Il goutait plus que jamais la guerre et ses conséquences et ne tarissait pas sur les mérites des beautés andalouses. Ce ne fut qu'en me quittant qu'il me questionna sur ses *Arianne*, et je lui rendis compte des missions, dont il m'avait chargé.

Ses indiscrétions avaient rendu mon zèle impuissant pour empêcher l'un des deux *Ménélas*, comme il les nommait, de se douter de son malheur. Or, ce *Ménélas* était un de nos présidens, homme de quarante ans à peine, parfaitement honorable et d'une fermeté éprouvée.

Il s'était tû pour éviter le scandale ; mais, après m'avoir fait subir un *interrogatoire sur faits et articles* vraiment fort embarrassant, il m'avait dit : « je vous remercie, M. de Luciennes. Je conçois vos intentions et leur rends justice : vous voulez à tout prix, fut-ce en *arrangeant* la vérité (je vous en demande pardon) ménager mon repos, dissiper mes soupçons... Cela est impossible. Je sais tout et je m'en vengerai, non sur une faible femme, ce serait le fait d'un lâche, mais sur son séducteur. »

J'en dis quelque chose au général et l'engageai à aller à Paris demander son changement.

« Non, mon cher, me dit-il, à moins que vous ne me suiviez ; je ne saurais me passer de vous. Vienne une campagne nouvelle à faire, ou je reste ici à jouir des charmes de votre amitié. Vous m'êtes un objet d'étude, et j'espère en venir, à force de travail et d'observation, à connaître votre position avec ma femme. Je sais qu'elle a voulu vous marier : elle m'a écrit mille détails intimes, qui ne font qu'augmenter mes perpléxités. Je ne sais vraiment pas ce que vous pouvez être, sauf un génie bienfaisant, chargé de me préserver de quelques coups de sabre ou d'être fait prisonnier à l'armée, et de maintenir à N*** la bonne harmonie entre Fernande et moi, ce dont Dieu m'est témoin que je vous sais bon gré... cependant j'ai aperçu tout à l'heure, en entrant chez vous...

— « Quoi donc?

— « Un fort bel enfant...

— « C'est mon fils. Il a été élevé à Poitiers chez ma tante, madame Delmar.

— « Il ressemble *épouvantablement* à ma femme.

— « Il est vrai. Madame de Marilly l'a remarqué comme vous, et c'est sans doute le motif qui la porte à le combler de bontés.

— « Sur mon honneur, il me venait en tête mille idées absurdes... Le soleil du midi fait extravaguer. Pardon, mon cher... il me plait, votre fils, et, si Fernande y consent, nous l'adopterons. Vous me direz comment m'y prendre.

« Me voilà toute la fortune du marquis sur les bras, et je ne sais qu'en faire. Il faut que vous me donniez ce cher enfant... Comment le nommez-vous ?

— « Fernand.

— « Fernand ! quel singulier rapport !... Où est sa mère ?

— « Je l'ai perdue, il y a plus de quinze ans... Je l'ai sans doute parfois oubliée ; mais je la regrette, je la pleure, depuis que je l'ai perdue. Le souvenir de son amour m'est incessant.

— « Que le diable m'emporte si je ne lègue ma fortune à cet enfant. Je vais m'ennuyer à N***. Je regrette déjà le mouvement, l'agitation des camps. Je vais faire mon testament pour m'égayer ; mais d'abord je dois une visite à toutes mes anciennes maîtresses, et cela va prendre ma journée. Je n'irai qu'à la nuit chez la présidente, afin d'y rester plus longtemps.

— « Mon général, je vous en supplie, n'y allez pas...

— « Vous plaisantez. Songez donc que je suis du nombre des héros du *Trocadéro*. Il ferait beau voir un *robin* s'attaquer à l'un des *restaurateurs* de Ferdinand VII. Vous êtes pacifiques par état et par caractère, vous autres hommes de palais. Vous-même, Charles, vous n'avez pas tiré l'épée depuis Waterloo, que je sache... Je veux réunir à ma table, un de ces jours, toutes mes *Hélène* et leurs maris. Vous vous chargerez d'amuser ces messieurs.

Au revoir, homme circonspect. C'est vraiment dommage de toute façon que notre ancien maître, le grand Napoléon soit mort. Lui seul pourrait vous rendre quelque énergie, vous remettre en mouvement. Vous alliez fort bien à Waterloo ; maintenant vous ne vous permettriez pas même, j'en suis sûr, de faire une maîtresse. Je regrette que la petite de Lelay vous ait privé, par son étourderie, des douceurs du mariage. C'était tout-à-fait votre lot. »

M. de Marilly ne tint aucun compte de mes avis, de ma prière : il se présenta chez le président.

Celui-ci me dit, le lendemain, qu'il savait le retour du général, et avait résolu avec lui-même, en raison de sa famille, d'éviter M. de Marilly et d'emmener sa femme à la campagne, afin de n'en pas venir, s'il était possible, aux dernières extrémités. La visite du général lui sembla le comble de l'outrage ; il lui fit crument refuser sa porte et lui adressa un cartel tellement sérieux que le comte ne put manquer d'y répondre très sérieusement aussi.

J'étais avec beaucoup de monde, dans le salon de Fernande, lorsque M. de Marilly me prit à part et me communiqua le billet du président.

Je faillis tomber à la renverse, après l'avoir lu.

« Vous n'avez donc pas d'esprit de corps, me dit le général. Comment! la robe s'insurge contre l'épée et veut lui jeter de la poudre aux yeux : cela est tout-à-fait martial et fait un honneur infini à la magistrature...

« Quoiqu'il en soit, il faut que vous soyez mon témoin. Je ne sais pas s'il peut vous en survenir quelque inconvénient; mais il n'y a place qui tienne, vous êtes au-dessus de cela et je compte sur vous. Je n'ai pas besoin de vous dire que je ne peux ni ne veux tirer sur votre collègue, comme vous le nommez : vous n'avez rien à craindre de ce côté. S'il me tue, comme cela est, à la rigueur, possible, il faut que vous soyez là, parce que vous êtes mon meilleur ami et que c'est vous qui pourrez le mieux régler *nos* affaires.

« Il est donc entendu que vous viendrez me chercher, demain à six heures, dans votre calèche, avec votre Valli *lui seul*.

« Je ne veux pas de mes gens : cela ferait du bruit à Fernande, et mes aides-de-camp sont des enfans. »

Je serrai la main du comte, avec un mouvement convulsif qu'il comprit, car il me dit, les larmes aux yeux :

« Oui, Charles, je sais que vous m'aimez, que vous avez un digne et noble cœur, qu'il vous serait préférable d'être mon champion que mon témoin... Votre serrement de main me le dit, et je le savais depuis longtemps. A demain, mon ami. »

Je courus chez le président ; il refusa de me recevoir. Toutes mes instances pour le voir furent inutiles.

Demi heure après, je reçus de lui un petit paquet contenant vingt lettres du général à la présidente, toutes plus railleuses les unes que les autres et vraiment d'une impertinence achevée sur le *malheur* de M. ***.

Cela était prodigieux d'étourderie et d'imprudence.

Une femme de trente ans, une mère de famille avait pu conserver de pareilles épitres! et elle y avait sans doute répondu !

Le président ne m'écrivait qu'une ligne, en m'envoyant la correspondance du général: « l'outrage est-il assez sanglant, et M. de Luciennes ne ferait-il pas comme moi? »

Sans doute j'aurais fait comme lui.

Je n'en étais pas moins désespéré. Cette nuit fut peut-être la plus affreuse de ma vie.

Au point du jour, un billet de Fernande vint achever de me bouleverser l'esprit et le cœur.

« Je sais tout, m'écrivait-elle. J'ai surpris, à l'insu de M. de Marilly, le cartel à mort que lui adresse le président.

« Je ne saurais, en pareilles circonstances, tenir compte des torts de M. de Marilly : je ne vois en lui que l'homme dont je porte le nom, et dont l'honneur me fut confié par mon vieux père.

« *Sans toi*, Charles, la position de *mon mari* à mon égard aurait été autre, et, dès lors, il ne se fut pas livré peut-être aux écarts qu'il est menacé d'expier aujourd'hui. Je te dirai donc, comme à ton départ pour l'armée avec ton général en 1813 : *Tu dois* le garantir de tout glaive ennemi ; *tu dois* te placer devant lui en toutes circonstances ; ta poitrine doit toujours être le bouclier de la sienne ; *tu dois enfin mourir pour lui.*

« S'il en est autrement, aujourd'hui, comme il y a douze ans, je ne devrai, je ne pourrai jamais te revoir, et, je le jure, je ne te reverrai pas.

« Tu vas empêcher ce duel, car je sais que tu m'aimes, que tu es dévoué à la mère de Fernand.

P. S. Mes angoisses vont être mortelles : fais en sorte que mon fils entre chez moi au moment où M. de Marilly en sortira. »

Avais-je besoin de cette lettre pour agir au gré de Fernande !

Je lui conduisis son fils.

Le général était à sa fenêtre à m'attendre ; il aperçut Fernand.

« Ah ! me dit-il, vous amenez mon jeune aide-de-camp en herbe, mon fils, ou, autant vaut, mon légataire universel.

— « Fernand était levé pour la leçon que je lui donne, chaque matin, à cette heure. Je vais le laisser travailler, dans le cabinet de peinture de madame la comtesse : il ne se montrera à elle que lorsqu'elle sera visible et l'appellera.

— « Fernande est visible, mon ami... Le croirez-vous ? Elle est venue dans ma chambre, craignant, dit-elle, que je ne fusse malade, ayant entendu du bruit chez moi toute la nuit. Et elle m'a donné le baiser du matin, le baiser de paix, si vous voulez... Dieu me damne, il n'a pas tenu à elle que la réconciliation ne fut complète...

« Mais, mon cher Charles, vous êtes plus pâle que moi : je suis tenté de vous laisser aussi auprès de madame de Marilly, et de n'emmener que votre Valli. Ce vieux brave ne bronche pas, lui, à l'approche de l'ennemi...

« Un grave président! Rien de plaisant comme cela,.. Je l'aperçois... il n'est, ma foi, pas moins noir que défunte *madame la Ressource*, du Joueur de Regnard. Croit-il donc déjà porter mon deuil ?... mais, encore une fois, Charles, vous trouvez-vous mal?

— « Non, non, mon général : soyez tranquille, je ne *broncherai* pas.

— « A la bonne heure. J'aime à vous entendre me nommer *mon général*. Cela me rappelle notre bontemps, et puis c'est signe de guerre. Nous rentrons en effet en campagne. Que n'étiez-vous avec moi devant Cadix ! C'était vraiment plus chaud que ne disent ces coquins d'impérialistes, qui ne veulent pas absolument que nous nous battions aussi bien à l'ombre du drapeau blanc que sous la bannière aux trois couleurs.

— « Que n'étais-je avec vous en effet ! Je ne serais peut-être pas ici... Mon général, mon cher et honorable chef, vous n'avez jamais combattu que pour notre sainte cause nationale. Votre valeur ne saurait être mise en doute... Ici, vous avez tous les torts... Il n'y aurait que de la gloire pour vous à les reconnaître.

— Mon ami, avec la meilleure volonté du

monde, je ne saurais... Vous concevez que ma position ne me permet pas l'ombre de ce qui ressemblerait... La présidente est fort bien et vaut vraiment un coup de pistolet... Si cet honnête homme veut retirer son cartel, et se tient pour satisfait, au moyen de notre promenade matinale, soit... je ne puis pas davantage.

— « Je vais lui parler.

— « Je ne vous donne qu'une minute; l'amitié me fait même oublier les convenances. »

M. de Marilly descendit de voiture, après moi, salua à peine le président et le témoin qui l'accompagnait. Il se fit remettre ses pistolets par Valli et s'occupa uniquement de les charger, pendant que je m'avançais vers ces messieurs.

« Monsieur, dis-je au président, les lettres

que vous m'avez fait l'honneur de me communiquer et que j'ai détruites, ne prouvent autre chose que l'étourderie, l'incroyable folie de celui qui les a écrites... Il serait digne et noble à vous de pardonner. Cette grâce, je suis prêt à vous la demander à genoux, au nom de Dieu, au nom de tout ce que vous avez de plus cher... *Pour moi*, monsieur le président, je vous supplie... »

J'étais tellement désireux, fut-ce au prix de mon sang, d'empêcher ce malheureux duel, qu'il paraît que je fis un mouvement pour me jeter en effet aux pieds du président.

M. de Marilly proféra un jurement horrible, et vint menaçant vers moi.

« Il n'est pas naturel, me dit-il, que vous insistiez à ce point. Je ne supporte pas que l'on semble craindre ainsi *pour ma peau*...

Je vous briserais la cervelle, Charles, à défaut d'une autre. Mille démons ! suis-je donc dans le même cas que monsieur ?.

— « Tirez, mon général, dis-je en m'avançant. Vous me rendrez service : je souffre en damné.

— « En place, monsieur, dit le président au général. Vous ajoutez l'outrage à l'outrage : vous l'avez voulu. »

Le témoin de monsieur *** eut la force de donner le signal, et les deux adversaires firent feu en même temps.

M. de Marilly tira en l'air.

Le président l'atteignit au milieu de la poitrine.

Mon malheureux général tomba mourant dans mes bras.

« Il est possible que vous soyez l'amant de Fernande, me dit-il ; votre sort n'en est pas plus digne d'envie... Croyez-moi, *mon cher Charles*, ne l'épousez pas. »

J'avais aposté le plus habile chirurgien de N***.

Il se tenait à vingt pas de nous. Il accourut. M. de Marilly n'existait plus.

Je le fis transporter chez moi et courus vers Senneville le prier d'aller prévenir Fernande.

Elle m'écrivit et chargea Senneville de son billet.

« Je m'en rapporte à toi pour les derniers devoirs à rendre à mon mari. *Adieu*, Charles. »

Cet adieu était en effet son dernier mot. Elle partit, emmenant son fils et oncques ne l'ai revue.

A qui la faute ?

Devais-je prendre la poste et courir après eux ? Je ne les aurais pas même atteints.

Fallait-il présenter à mon fils l'alternative de me préférer sa mère ou *vice-versâ*. Cette alternative est affreuse ; elle doit être un supplice pour toutes les parties.

Plus que probablement j'y aurais succombé : Fernand m'eut préféré sa mère. Ou si, par impossible, mon fils eut prononcé pour moi, mon cœur se serait brisé de la douleur de Fernande, et je n'aurais jamais eu la force de lui ravir son seul bonheur, son dernier espoir, son dernier appui.

A moi toutes les peines, toutes les douleurs.

Bien que le mot *adieu* fut souligné dans le billet de Fernande, je ne prévis nullement son départ, et je fus d'ailleurs distrait de toute autre pensée par une des scènes les plus déchirantes, dont j'aye été témoin.

J'étais, à la nuit, dans mon cabinet, rêgiant tout pour la triste cérémonie du lendemain, lorsque je vis entrer une femme échevelée, éperdue, baignée de larmes.

C'était la présidente.

« Où est-il ? où est-il ? que je le voie, une dernière fois ! s'écria-t-elle en se précipitant vers moi. Ah ! vous me comprendrez, vous, car vous avez aimé. Que m'importe l'opinion du monde ! Je brave tout. J'ai échappé à mon bourreau : jamais je ne rentrerai sous ses lois. Je veux mourir ici... Conduisez-moi aux restes sanglans de mon ami. »

Et, sans m'attendre, elle parcourait les appartemens.

Elle arriva jusqu'au lit funéraire et se jeta sur le corps de M. de Marilly.

Elle y tomba, privée de sentiment, les mains raidies, serrées autour du cou du général. Elle avait tout renversé.

J'étais d'autant plus embarrassé qu'il n'y avait pas une femme à la maison.

J'envoyai chercher à la hâte Babet, qui se trouvait avec Emmeline chez madame d'Albert, et Valli m'aida à transporter la présidente sur un lit dans une autre chambre.

Babet lui donna ses soins.

Je n'osais faire appeler un médecin, afin de cacher, s'il était possible, la démarche de la présidente; j'osais encore moins la faire reconduire chez son mari, qu'elle avait nommé *son bourreau.*

Nous passâmes la nuit près d'elle, l'inondant d'éther, d'eau de fleur d'orange, d'infusions de tilleul. Je pris sur moi d'y ajouter du *laudanum*, et, vers le point du jour, elle tomba dans un profond assoupissement.

Elle y était encore plongée, et cela fut fort heureux, lorsque le clergé vint rendre les derniers devoirs à mon pauvre général. Autrement, Valli et moi, nous n'aurions pu retenir l'infortunée.

Elle se réveilla dans un état de faiblesse extrême, sans se rappeler où elle était, et versa un torrent de larmes.

J'hésitais à me montrer à elle, dans la crainte de renouveler ses crises nerveuses.

Elle me fit appeler pour me faire part de sa résolution de se retirer au couvent du *Sacré-Cœur*, dont elle connaissait intimement la supérieure. Elle me chargea d'écrire en son nom à madame de St-Joseph pour prier cette dame de la venir voir chez moi.

CHAPITRE XLII.

« Il faut céder à mes lois »
(Planard, Zampa, opéra-comique.)

La supérieure accourut avec empressement et consentit sans difficulté à recevoir la présidente dans sa maison.

Elle se montra plus gracieuse et polie que

jamais à mon égard, et me remercia vivement de mes procédés pour son amie.

« Où donc est *notre* Emmeline ? me dit-elle, au moment de sortir. Babet ne me l'a pas amenée depuis plusieurs jours et je vais lui en faire de justes reproches : elle oublie son devoir... Je saisis du reste avec plaisir cette occasion de remercier M. le procureur-général de ne s'être pas marié. Aussi lui ai-je laissé sa fille.

— « Je suis très reconnaissant de cette longanimité, dis-je en souriant. »

Emmeline était dans le jardin. Elle aperçut madame de St-Joseph, et accourut, suivie de sa bonne.

Celle-ci se courba jusqu'à terre devant madame de St-Joseph.

Emmeline elle-même se jeta, par un mouvement spontané, aux pieds de la supérieure, ses petites mains jointes, comme pour lui demander sa bénédiction.

« Qu'est-ce donc? dis-je. Que fais-tu, ma fille?

— « Chère enfant, reprit vivement madame de St-Joseph, en pressant ma fille dans ses bras, viens sur le cœur de ta mère. Tu m'appartiens, et je défie la méchanceté des hommes et tous les piéges du monde de t'enlever à moi. Tes vertus feront oublier, pardonner le crime de ta naissance. »

En parlant ainsi, la religieuse passait au cou d'Emmeline un petit scapulaire fort richement brodé.

« Que dites-vous? que faites-vous, madame? repris-je furieux. Ah! je vais déchirer ces insignes... »

Je m'avançai en effet vers Emmeline pour lui enlever le scapulaire.

L'enfant effrayé se serra dans les bras de la supérieure, en pressant sur son cœur le présent de madame de St-Joseph.

« Dieu est Tout Puissant, reprit celle-ci froidement. Il ne faut pas le braver, et c'est une folie de vouloir combattre ses décrets. Encore une fois, Emmeline m'appartient, car sa mère mourante vous a commandé de céder aux penchans de son enfant, et vous voyez s'ils la portent vers moi... *Nous* résister est impossible à tous égards ; vous avez tort de le tenter. Mieux vaudrait enfin vous faire des notres. Nous pouvons tout plus que jamais. La chambre des députés se dispose à nous *indemniser*, et ce n'est rien auprès de ce que nous espérons de l'avenir. Vous n'êtes nullement un homme politique, M. le procureur-général, et je dois consciencieusement vous faire destituer.

— « Je vais probablement vous en épargner la peine, au premier jour.

— « Ce sera un acte non moins sage que votre projet de mariage avec mademoiselle de Lelay... Donnez-moi plutôt Emmeline dès aujourd'hui... »

Elle se retourna vers ma fille et lui dit avec un accent d'une douceur infinie : « N'est-ce pas, mon amour, que tu aimes bien Jésus et que tu désires venir à lui, à nous?

— « Ne réponds pas, ma chérie, dis-je tout effrayé à Emmeline. » Hélas! elle avait déjà balbutié, toute craintive en me regardant un : « oui, maman supérieure. »

Désolé, je fis sortir ma fille avec Babet.

« Vous le voyez, reprit madame de Saint-Joseph, rien ne nous résiste. Fléchissez, à votre tour; tombez à mes pieds, j'accueille le pécheur et lui pardonne.

— « Vous êtes bien belle, madame; mais je vous plains des soins infinis que vous vous donnez, par un déplorable prosélitisme. Le pouvoir a donc bien des charmes pour vous ! Je vous adorerais si vous ne vous occupiez que de chiffons. La politique est la passion des cœurs froids. Ah ! vous vous trompez sur votre mission.

— « Vous êtes dans l'erreur vous-même. »

Madame de Saint-Joseph me quitta sans aigreur, sans colère, le front calme et serein, le sourire sur les lèvres.

Je n'en étais pas à m'effrayer, avant cette scène, des inclinations ultrà religieuses d'Emmeline. J'étais loin de vouloir faire de ma fille un esprit fort, mais je ne craignais pas moins pour elle l'esprit jésuitique. Je désirais qu'elle vécut avec moi dans le monde et non pas au couvent.

J'avais fait part de mes frayeurs à madame d'Albert depuis quelque temps et la duchesse ne m'avait nullement rassuré.

« J'ai bien remarqué, m'avait-elle répondu, la petite passion d'Emmeline pour les chapelets, les chapelles et les images. Je n'y attachais pas d'importance : c'était jeu d'enfant, selon moi. Le choix du confesseur, fait par sa bonne... ou les patrons de cette fille, me contrariait davantage... J'ai eu tort de ne vous en rien dire. Maintenant, au point où en sont les choses, la lutte me semble impossible : vous l'éprouverez, il faudra céder à madame de Saint-Joseph, ou compromettre l'existence d'Emmeline... M. d'Albert vous dirait que la faute en est au temps ;

que cet esprit, tel quel, de la dangereuse amie de votre Rachel, semble avoir passé dans l'air que nous respirons ; que le clergé règne aujourd'hui, de même que les militaires régnaient sous l'empire ; moi, je ne sais pas la cause : le fait est incontestable. »

Le jour même de cette scène avec madame de Saint-Joseph, j'envoyai Emmeline au château de la duchesse pour y passer l'été avec les petits enfans de madame d'Albert.

Je m'occupais uniquement de régler les affaires de monsieur de Marilly et de Fernande, qui était allée s'établir à Londres avec son fils. Le testament du général était d'une exécution difficile, en raison de la position de Fernand. Ma science était impuissante

Je pris une singulière consultation.

J'étais dans l'usage, chaque année, de

réunir à ma table les avoués près la cour et le tribunal.

Ces messieurs étaient réputés les plus... habiles de France. J'éprouvai que c'était avec pleine et juste raison.

Je leur soumis la question sous des noms supposés et toute difficulté fut levée. Une marche claire et simple me fut tracée. L'abondance du champagne et du moka avait donné à ces messieurs une lucidité, une précision, un savoir irrésistibles : ils auraient fait perdre le procès à Dieu contre le diable et donné Belzébuth pour héritier au fils de Johovah.

Je fus sur le point de les consulter sur la conduite à tenir à l'égard de madame de Saint-Joseph pour conserver Emmeline.

J'allais partir pour Paris lorsque je reçus

de madame d'Albert un billet ainsi conçu:

« Accourez, monsieur, et cédez.

« Soit que madame de Saint-Joseph ou ses gens ayent accès chez moi ; soit que les instincts religieux d'Emmeline soient déjà trop enracinés pour être combattus avec succès, la chère enfant est tombée dans une mélancolie profonde, que toute la gaieté de mes petites filles et leur tendre amitié ne sauraient dissiper. Elle a trouvé moyen de se créer un petit oratoire, et je l'y ai surprise prosternée et en larmes... »

Emmeline m'ouvrit son cœur avec une éloquence, une énergie bien au-dessus de son âge. Elle se jeta à mes pieds pour obtenir que je la conduisisse au seul lieu où disait-elle il lui fut permis de vivre sans subir d'incessantes humiliations. Hélas! elle connaissait et appréciait sa position, ou du moins elle la voyait du côté où on la présente souvent, et elle en souffrait déjà. Des méchans, des infâmes l'avaient ainsi blessée mortellement.

« Chère enfant, tu te trompes, lui dis-je on t'a abusée : ta position n'a rien de fâcheux; elle ne te rend, au contraire, que plus intéressante. J'y ai beaucoup pensé, et mes mesures sont prises pour que tu n'en souffres en aucune façon. Je m'engage à ne vivre uniquement que pour toi. Laisse à mon expérience, à mon amour le soin de veiller à ton bonheur. Ne m'abandonne pas.

— « Mon père, je prierai Dieu sans cesse pour toi. Il est si bon! il t'inspirera, et tu m'oublieras, *comme quand tu as voulu te marier.*

— « Assez, assez, mon Emmeline. Allons *au Sacré Cœur.* »

Les portes du couvent de madame de Saint-Joseph venaient de se fermer entre ma fille et moi et, pour la première fois peut-être, Emmeline m'avait donné un baiser de reconnaissance et d'amour.

Je sortais, le cœur brisé, lorsque madame de Saint-Joseph se montra à moi, toute grâcieuse.

Elle me tendit la main ou plutôt saisit la mienne et la serra de la manière la plus amicale.

« Voilà le pacte d'alliance consacré *quand même*, me dit-elle. Vous ne tarderez pas à en éprouver les effets. Nous payons au centuple ce qu'on fait pour nous, et, si vous désirez le savoir, c'est le secret de notre puissance... Viennent des élections et que vous ayez quarante ans, je vous fais nommer député par notre grand collége. »

CHAPITRE XLIII.

« L'unir « ce qu'on aime, est le premier des biens, «
(DESFORGES, la femme jalouse, comé-ie.)

Arrivé à Paris, j'allai me jeter aux pieds d'Hélène.

« Je me mets à ta merci, lui dis-je, Quelques conditions que tu me fasses, je les accepte; mais tu ne me quitteras plus. Je me fais bourgeois de Paris en ton honneur.

— « Ah ! c'est bien, cela. Je te sais gré, mon Charles, de ma victoire. Je n'en abuserai pas. Je quitte le théâtre et je te suis au bout du monde, à N***, si tu veux. Je t'épouse même pour que tu sois certain de mon obéissae.

— « Je ne veux que ta main et ton cœur. »

Après une vie si agitée, je trouvai le repos, le bonheur auprès d'Hélène, et de longues années se sont écoulées sans que j'aye éprouvé un instant de regret.

Madame de St-Joseph me fit nommer député, lors des élections de novembre 1827, sans aucune demande ou démarche de ma part, et, bien que j'eusse quitté ma place dans la magistrature. Depuis, les libéraux m'ont constamment réélu, rendant en cela justice à mon patriotisme et à mon indépendance.

Je vis en effet étranger à toute coterie politique et me refuse à reconnaitre le patronage des chefs de la gauche ou du centre, et moins encore de M. Berryer. Je fais de l'électisme pur et je m'en trouve bien.

Chaqne année, je vais passer un mois avec mes amis de N***. Mon Emmeline prétend se trouver heureuse de la vie religieuse. C'est l'essentiel sans doute. Nous nous cachons un peu d'Hélène pour aller nous asseoir an tombeau de Rachel.

Ma fille m'interroge aussi sur mes sentimens, sur ma position et elle sait gré à Hélène du bonheur que je lui dois. Jamais enfant ne supporta mieux sa belle mère ; jamais belle mère n'aima aussi tendrement la fille de son mari.

J'ai dit à Senneville qu'Hélène avait été artiste, et cela l'a réconcilié, m'a-t-il dit : avec le théâtre.

Madame de Marilly persiste à habiter Londres; mais Fernand vient souvent à Paris, il veut bien me pardonner, jusqu'à un certain point, de n'être pas le mari de sa mère. Je suis parvenu à arranger si bien ses affaires, qu'il est en possession du nom et de la fortune du général, au gré du testament de celui-ci.

Dorville est à Paris, retiré du théâtre, avec un petit revenu très confortable.

Mon vieux Valli s'est fait tuer, à l'attaque du Louvre, le 29 juillet 1830. Persuadé qu'une révolution ne pouvait se faire qu'au bénéfice du jeune Napoléon, il se battait en lion contre la dynastie royale.

Souvent assis, au Mazzolino, au tombeau de Rachel, je répète le mot de cette infortunée : *Quel mystère que la vie!*

Voudrais-je recommencer les belles années de ma jeunesse? Je ne sais. Peut-être mon hiver les vaut-il, grâce à Hélène, à Emmeline, à Fernand.

Je m'y tiens donc, et j'ai pris toutefois grand plaisir a me rendre compte ainsi du temps passé, je crains seulement d'en avoir trop écrit.

« Cum relego scripsisse pudist ; qui plurima cerno,
 « Me quoque qui feci judice, digna lini. »

FIN DU TOME SECOND ET DERNIER.

Dernières Publications.

format in-8. Prix net cinq francs le vol.

DOMINO ROSE (le), ou la maîtresse invisible, par Max. Perrin, 2 vol. in-8. 10 fr.

MON GÉNÉRAL, SA FEMME, ET MOI, Mémoires galants de Charles de Luciennes. Publiés par   2 vol in-8, 15 fr.

UNE PERLE DANS LA MER, roman intime, par Alfred Des-Essards, 2 vol in-8. 10 fr.

TRAHISON et VENGEANCE. roman mystérieux, par Cosmowel, 2 vol, in-8. 10 fr.

DEUX GRISETTES (les), ou la femme aimable, par Louis Couailhac. 2 vol in-8. 10 fr.

LOUVRE SOUS NOS ROIS (le) chroniques galantes de ce château royal, par E. Guérin, 4 vol. 20 fr.

ABBÉ et les mousquetaires (l'), chronique galante du château de Saint-Germain, par E. Guérin, 2 vol. 10 fr.

NUITS de Versailles (les), chroniques galantes, par le même, 4 vol. 20 fr.

SOIRÉES DE TRIANON, suite des nuits de Versailles, par le même, 2 v. 10 fr.

ISABELLE ou comtesse et femme de chambre, roman de mœurs, par le même, 2 v. 10 fr.

GARDE MUNICIPAL (le), roman de mœurs, par Maximilien Perrin, 2 vol. 10 fr.

PILLULES DU DIABLE (les) roman gai, par Max. Perrin et le baron de Bilderbeck, 2 v. 10 fr.

DEUX FAMILLES (les), ou le château de Saint-Felix, roman par la Mothe-Langon, 2 v. 10 fr.

MADAME DE BRÉVANNES, par H. Vallé. 2 v. 10 fr.

JEUNE AVEUGLE (la), vertus du peuple, roman accepté par l'Académie pour le prix Montyon, par madame Hipolyte-Taunay, 2 v. 10 fr.

AIGLE (l') ET LA COLOMBE, roman précédé d'une introduction littéraire, par le vicomte d'Arlincourt, 2 v. 10 fr.

DEUX SOEURS (les), roman intime par madame Junot d'Abrantès, 2 v, 10 fr.

BLANCHE, roman intime, par la même, 2 v. 10 fr.

ÉTIENNE SAULNIER, roman historiqne, par la même, 2 v. 10 fr.

VALLÉE DES PYRÉNÉES (la), roman par la même, 2 vol. 10 fr.

RAPHAEL, ou le prêtre, roman intime, par le duc d'Abrantès, 2 v. 10 fr.

VIERGE ET MODISTE, roman de mœurs, par Max. Perrin, 2 v. 10 fr.

UN SERVICE D'AMI, roman de mœurs, par le baron de Bilderbeck, 2 v. 10 fr.

PRIÈRE (la) DU SOIR, par C-Ledhuy, 2 v. 10 fr.

PARIS. — Imprim. d'A Saintin, 58, rue St-Jacques.

NOUVELLES PUBLICATIONS

In 8., à 5 fr. le vol.

Le LOUVRE SOUS NOS ROIS, Chroniques galantes, par Guérin, 4 vol. in-12, 20 f.
L'ABBÉ ET LES MOUSQUETAIRES, par Guérin, 2 vol. 10 f.
VIERGE ET MODISTE, roman de mœurs, par Maximilien-Perrin, 2 vol. in-8. 10 f.
LE GARDE MUNICIPAL, par Perrin, 2 vol. in-8. 10 f.
Les PILULES DU DIABLE, par Perrin, 2 vol. in-8. 10 f.
UN SERVICE D'AMI, par le Baron de Bildelberk, 2 v. 10 f.
LES DEUX FAMILLES, par le baron de Lamothe-Langon, 2 vol. in-8.
L'AIGLE ET LA COLOMBE, précédé d'une introduction Litéraire, par le Vicomte d'Arlincourt, 2 vol. in-8. 10 f.
LA JEUNE AVEUGLE, Vertus du Peuple, roman accepté par l'Académie pour le prix Monthyon, par madame Hipolyte Taunay, 2 vol. in-8. 10 f.
LES DEUX SOEURS, Histoire d'une famille, par madame Junot d'Abrantès, 2 vol. in-8. 10 f.
BLANCHE, roman intime, par le même, 2 vol. in-8. 10 f.
LA DUCHESSE DE VALOMBRAY, par le même, 2 v. 10 f.
ETIENNE SAULNIER, par Mme Junot d'Abrantès, 2 v. 10 f.
LA VALLÉE DES PYRÉNÉES, par le même, 2 vol. 10 f.
RAPHAEL, par le duc d'Abrantès, 2 vol. in-8. 10 f.
LE PETIT ET LE GRAND MONDE, esquisse de mœurs, par madame Hipolyte Taunay, 2 vol. in-8. 10 f.

Romans sous presse.

LE DOMINO ROSE ou la Maîtresse invisible, roman gai, par Maximilien Perrin, 2 vol. in-8.
LE LORD BOHÉMIEN, par Alfred Des-Essart, 2 vol. in-8.
LES VIEUX PÉCHÉS, les tomes 3 et 4.
LES DEUX GRISETTES, ou la Manon Lescaut du Marais, 2 vol. in-8.
UN NOUVEAU Roman de Maximillien Perrin, 2 vol. in-8.
TRAHISON ET VENGEANCE, par Cosmowel, 2 vol. in-8.
DEUX FACES DE LA VIE, roman intime, par Touchard-Lafosse, 2 vol. in-8.
MÉMOIRES D'UN CHEF DE BRIGANDS, par Carle Ledhuy

Romans in-12. de divers Auteurs, à 1 fr. le vol.

LES VICTIMES DE L'INQUISITION, par Leyadier, 4 v. 4 f.
L'OBLIGEANT, roman gai, par Raban, 3 vol. in-12. 3 f.
LA COUR PRÉVOTALE, par le baron de Bildelberck, 5 vol. in-12. 5 f.

Imprimerie de Pommeret et Guenot, rue et hôtel Mignon, 2.

www.ingramcontent.com/pod-product-compliance
Lightning Source LLC
Chambersburg PA
CBHW052033230426

43671CB00011B/1627